주식부자들의
투자수업

DENSETSU NO MEITOSHIKA 12NIN NI MANABU
MOKE NO TESSOKU
by Hideki Koizumi

주식부자들의 투자수업

12명의 전설적인 투자자에게 배우는 주식투자 핵심 원칙

고이즈미 히데키 지음 | 김하경 옮김

이레미디어

이 책은 경제잡지 〈다이아몬드 ZAi(자이)〉의 창간호부터 약 5년에 걸쳐 연재된 '투자고수에게 배우는 주식의 법칙!'을 바탕으로 최신정보와 자료 등을 덧붙여 대폭 개정한 것이다. 이 연재는 필자의 예상을 뛰어넘는 반향을 일으켰고, 지금까지도 "그 칼럼을 읽으면서 도움을 많이 받습니다"라는 인사를 자주 듣는다.

하지만 누구보다 이 칼럼의 도움을 많이 받은 사람은 다름 아닌 필자 자신이다. 솔직히 말해 칼럼 한 페이지를 쓰는데 며칠씩 걸리기도 해서 칼럼니스트라는 직업에서 본다면 채산성이 전혀 없는 작업이었다. 그럼에도 5년씩이나 꾸준히 연재해온 까닭은 '이 내용은 투자가로서 내게 크게 도움이 될 것이다'라는 확신이 있었기 때문이다.

실제로 이 칼럼을 쓰기 시작한 후 필자의 투자실적은 눈에 띄게 향상되었다. 시작하고 2년쯤 지난 시점인 2002년부터 2007년 사이에 투자자산이 수십 배나 증가했다. 이후 리먼사태와 동일본대지진 등을 극복하며 착실하게 자산을 불릴 수 있었다. 이전에는 미비한 실적밖에 보여주지 못하는 하수 투자가였지만, 이런 상황을 극적으로 전환시켜 준 계기가 바로 이 칼럼이다.

칼럼을 책으로 만들어보자는 제안을 여러 번 받았음에도 이제야 실행에 옮기게 되었다. 그런데 직접적으로 수많은 투자경험을 쌓은 현재 시점에서 원고를 다시 읽어보니 고치거나 덧붙이고 싶은 내용이 어마어마하게 쏟아져 나왔다. 그러다보니 이제야 전반적으로 내용을 첨가하고 출판하게 되었다.

이 책에서는 칼럼에서 소개한 18명 중 특히 도움이 될 만한 12명의 투자고수들을 엄선하여 그들의 일화와 투자비법을 소개했다. 워런 버핏Warren Buffett을 시작으로 모두 역사에 기록될 만큼 큰 성공을 거둔 투자가들이다. 이들의 일화는 무척 흥미로운데다가 투자기법도 '바로 그거였어!'라며 무릎을 탁 칠만큼 간단하면서 합리적이다. 주식투자를 하는 데는 여러 다양한 방법이 있고, 각 방법에서 성공을 거둔 투자가가 있다. 하지만 다수의 개인투자가들이 한정된 시간 안에 장기적이고 지속적으로 자산을 불릴 수 있는 길은 다음과 같다.

- 본질에 충실하라.
- 단순하면서도 합리적인 원칙을 따르라.

책에서 소개하는 기법은 모두 이 원칙에 부합한다. 결론부터 말하면 주식으로 돈을 벌기 위한 가장 중요한 원칙은 '성장성이 있는 기업을 찾아내어 상대적으로 가장 낮은 가격대에서 매수한다'이다. '성장성'과 '저평가된 가격'을 예리하게 찾아낼 수 있다면, 주식투자 실적은 몰라보게 향상될 것이다. 이 책에 등장하는 투자고수들은 하나같이 '성장성'과 '저평가된 가격'을 철저하게 분석하여 투자에 적용한 사람들이다.

이 책을 집필하는 2014년 현재, 주식시장은 엄청난 변동을 겪고 있다. 아베노믹스가 성공하여 주가가 순조롭게 큰 폭의 상승을 지속할지, 아니면 실패하여 또다시 나락의 끝의 보게 될지, 예상하기 힘든 문제다. 양쪽 상황 모두 의견이 팽팽하므로 어떤 상황도 충분히 일어날 가능성이 있다. 투자가는 두 가지 시나리오를 모두 가정하여 어느 쪽 상황이 되든 주식투자에 성공할 수 있도록 준비해두어야 한다.

변동이 큰 증시에서는 여느 때보다 투자가가 고민할 사항이 많아진다. 이럴 때 중요한 태도가 바로 '원칙으로 되돌아가는 것'이다. 어떤 시기든 원칙으로 돌아가서 차분하게 따져보면 반드시 좋은 답을 발견할 수 있다. 독자들이 이 책에서 되돌아가야 할 원칙을 찾게 될 것이라 확신한다.

차례

차례

"주식투자에 성공하기 위해 필요한 것은 '좋은 머리'가 아니라 '합리적인 사고'다."

워런 버핏이 한 말이다. 버핏은 아르바이트 등으로 번 돈을 종잣돈으로 주식투자를 시작하여 한 세대 만에 50조 원에 달하는 개인자산을 축척했다. 인류 역사에서 최고의 투자수익률을 보여준 투자가라고 할 수 있을 것이다.

이런 버핏이 주식에서의 성공은 머리의 좋고 나쁨과는 관계가 없다고 단언했다. 분명 머리가 좋은데 주식투자에 실패한 사람은 주변에서 얼마든지 찾을 수 있다. 실제로 의사, 변호사, 공인회계사, 교수 등의 직업에서도 주식투자에서 실패한 사람이 많다. 노벨 경제학상을 수상한 학자가 운용하던 펀드가 파산한 사건도 있었고, 근대과학의 선구자로 유명한 아이작 뉴턴Isaac Newton이 지금 가치로 환산하면 10억 원에 가까운 돈을 거품증시에서 잃었다는 일화도 있다. 인류 최고의 두뇌도 투자에는 그다지 도움이 되지 않았던 것이다. 그런 까닭에 주식투자에서 성공하기 위해 필요한 것은 우수한 두뇌가 아닌 '합리적인 사고'라고 자신 있게 말하는 것이다.

그렇다면 합리적 사고란 무엇일까? 어려운 일일까? 아니다. 버핏은 합리적으로 사고하는 것은 무척 간단하다고 말한다. 너무 간단해서 대학의 재무학 수업에서 다루지 않는다고까지 말한다. "그 내용이 지나치게 단순해서 대학 교수의 권위가 서지 않기 때문"이라는 것이다. 합리적이란 말은 이치에 맞는다는 뜻이다. 즉 이야기를 차분히 들어본 후에 "정말, 그렇구나!" 하고 이해가 되는 상태다. 버핏의 말에 따르면 합리적인 투자기법이란 누구나 "정말, 그렇구나!" 하고 이해할 수 있고, 실천할 수 있는 방법이라고 한다.

이제부터 역사에 이름을 남긴 투자고수들의 이야기를 읽게 될 것이다. 그들의 투자기법과 사고방식은 하나같이 단순하면서도 논리적으로 이해가 된다.

단순하면서 합리적

그렇다, 이것이 바로 큰 성공을 거둔 투자고수들의 공통적인 특징이다. 난해하고 복잡한 이론은 얼핏 그럴듯해 보이지만, 실제로는 그다지 합리적이지 못한 경우가 많다. 복잡한 것이 무조건 나쁘다는 뜻은 아니다. 합리적이라면 단순하든 복잡하든 상관없다. 하지만 기왕이면 단순하면서도 합리적인 쪽이 당연히 효율적이다. 수많은 투자고수들이 도달한 결론이다.

먼저, 테일 리스크부터 피하라!

그렇다면 투자에서 '합리적'이란 무엇을 의미할까? 구체적으로는 다음과 같다.

• 테일 리스크를 피하라.
• 리스크Risk와 리턴Return을 비교하여 확실하게 유리한 선택을 축척해 간다.

테일 리스크Tail Risk란 '사건이 발생할 가능성은 극히 낮지만, 일단 발생하게 되면 자산 가치에 엄청난 영향을 줄 수 있는 위험'을 지칭한다. 예컨대 자동차 사망사고가 그 일례다. 속도위반에 걸릴 정도로 자동차를 내달린다고 해서 쉽게 사고가 발생하지는 않지만 일단 사고가 나면 되돌릴 수 없는 비참한 결과를 초래할 위험이 있다. 따라서 합리적으로 생각하는 운전자는 아무리 안달이 나도 법정속도를 지키고 차간거리를 충분히 확보하며 운전한다.

투자에서 테일 리스크는 과도한 리스크로 인해 발생한다. 이를테면 신용거래(돈을 빌려서 이루어지는 거래)로 자기자금의 3배에 달하는 주식을 보유하고 있는데, 대지진 등이 발생하여 주가가 30% 이하로 떨어진다면 자산의 전부를 잃게 된다. 그래서 합리적인 투자가는 최악의 사태에도 살아남을 수 있도록 투자금액이 과도하게 커지지 않도록 주의한다.

100% 유리한 투자

'리스크와 리턴을 비교하여 확실하게 유리한 선택'이란 이를테면 다음과 같은 투자기회다. 100만 원을 투자해서 ① 성공하면 50만원 이익이 나고, ② 실패하면 10만 원의 손실이 나는 조건에 ③ 성공할 확률이 높은 투자안건이 그렇다. 손해를 볼 리스크가 존재하지만 그 액수가 정해져 있고, 그에 비해 성공했을 때의 이익이 큰 투자이다. 이런 조건이라면 100만 원의 투자는 유리한 선택이라 할 수 있지 않을까? 한두 번 투자에서 손해를 볼 수도 있겠지만 이런 유리한 선택을 거듭하다보면 전체적으로는 이익을 쌓을 수 있다.

어떤가? 이것이 바로 투자에서 성공하는 최고의 비결이다. 이제 남은 것은 이런 유리한 선택지를 얼마나 많이 발견하느냐이다. 그 결과에 따라 투자실적이 결정되는 것이다.

기회의 빈도는 공부와 노력에 비례한다

어떻게 해야 유리한 선택지를 되도록 많이 발견할 수 있을까? 이는 지식과 작업에 달렸다. 공부해서 지식을 쌓을수록, 그리고 주식종목을 찾는 작업을 거듭할수록, 유리한 투자기회를 쉽게 찾아낼 수 있다.

버핏의 스승인 벤저민 그레이엄은 "투자의 성과는 리스크를 얼마나 많이 줄였는지가 아니라 얼마나 많은 노력을 쏟아부어 조사했는지로 결정된다"고 말한다. 또한 일본 매스컴에도 자주 등장하는 투자의 대가 짐 로저스는 "길바닥에 떨어진 돈을 줍는 것만큼 손쉬운 기회가 오는 순간을 기다려 그때 과감하게 투자한다"고 말한다.

'100% 유리한 투자기회'란 공부하고 주식종목을 찾는 작업을 거듭할수록 쉽게 눈에 들어온다. 중요한 것은 '100% 유리한 투자기회'를 발견했을 때만 투자하는 자세다. 발견하지 못했다면 그냥 보내라. 성공하기 어렵다고 판단될 때, 기회를 발견하지 못했을 때에는 투자할 필요가 없다. 지식과 경험을 쌓으면서 손쉬운 기회를 끈질기게 기다려라.

12명의 투자고수

그렇다면 어떻게 공부해야 할까? 가장 효과적인 방법은 성공한 사람들의 비법을 배우는 것이다. 이 책에서는 배울만한 가치가 있는 투자고수 12명의 일화를 정리해보았다.

첫 번째 인물은 벤저민 그레이엄Benjamin Graham이다. 그레이엄은 가치투자의 창시자로 알려진 인물로 워런 버핏 등의 수많은 뛰어난 제자를 키워냈다. 그에게서 '저평가된 주식을 발견하는 방법'을 배워보자. 또한 그레이엄은 투자에 있어 철저하게 합리성을 추구한 인물이므로, 그의 이야기를 통해 '큰 실패 없이 자산을 지속적으로 증대시키는 사고방식'을 배울 수 있다.

두 번째 인물은 필립 피셔Philip Fisher이다. 필립 피셔는 버핏의 또 한 명의 스승이며, 성장주 투자의 대가다. 10년에 걸쳐 지속적으로 성장하여 수십 배로 가치가 오를만한 주식을 찾아 집중투자하는 방법으로 막대한 자산을 쌓았다. 그에게는 '성장주식을 발견하는 방법'을 배워보기로 한다.

세 번째는 주식투자의 전설 워런 버핏Warren Buffett이다. 그레이엄의 가치투자와 피셔의 성장주 투자를 융합시킨 '저평가 성장주 투자'를 창시하여 이를 진화시킨 투자기법으로 역사에 기록될 만큼 최고의 실적을 올린 인물이다. 버핏에게는 '진정한 우량주를 찾아내어 해당 주식을 가장 낮은 가격으로 매수하는 방법'을 배운다.

네 번째 인물은 피터 린치Peter Lynch이다. 린치는 투자신탁회사 펀드매니저로 역대 최고의 경이로운 실적을 거둔 인물이다. 그는 "주의 깊게 일상생활을 돌아보면 수십 배로 가치가 상승할 만한 성장주를 쉽게 발견할 수 있다"고 말한다. 그런 까닭에 "초보 개인투자가가 투자 전문가보다 주식투자에 훨씬 유리하다"고 말한다. 린치에게는 '일상생활에서 황금알을 낳는 성장주를 찾는 투자기법'을 배워본다.

다섯 번째는 윌리엄 오닐William O'Neil이다. 오닐은 수십 배로 가치가 상승한 주식의 지난 수십 년간 자료를 철저하게 분석하여 그 주식의 변화시점을 잡아내는 '캔슬림CAN-SLIM'이라는 기법을 창시했다. 그에게서는 이 기법을 배워보자. 또한 오닐은 주가 차트를 통해 최적의 매매 타이밍을 잡아내는 고수이기도 하므로 주가차트를 활용하는 핵심기술도 알아보자.

여섯 번째는 짐 로저스Jim Rogers이다. 로저스는 현재 전 세계를 석권한 헤지펀드 모태인 퀀텀펀드를 성공으로 이끌었으며, 금과 중국주식의 엄청난 급등을 적중시킨 일화로도 유명하다. 매우 '저평가'된 상태에서 '긍정적인 변화'가 나타나기 시작한 시점에 매수를 하는 것이 그의 핵심 투자기법이다. 그에게서 '밸류앤 체인지 전략'을 배워보자.

이 책에서는 앞에 소개한 6명의 투자기법을 한 장씩 나누어자세하게 해설하고 있다. 6명의 투자가가 말하는 기법에는 투자가로서 성공하기 위해 갖추어야 할 지식이 응축되어 있다. 이 기법들을 통해 바람직한 투자방식을 익힐 수 있을 것이다.

제7장에서는 또 다른 투자고수 4명의 투자기법을 익혀서 '가치'와 '성장성'에 대한 이해를 넓히도록 한다. 일곱 번째로 다루는 인물은 존 메이너드 케인스John Maynard Keynes이다. 케인스는 위대한 경제학자이자 투자가이지만, 젊은 시절부터 환율과 투기적인 주식매수에 관심이 많아서 파산할 위기를 겪기도 했다. 그는 이러한 과정에서 자신만의 필승 투자법을 하나씩 만들어나간다. 그 과정을 소개하겠다.

위대한 인물들도 시행착오를 거듭했던 시기가 분명 있었다. 케인스는 그 과정이 흥미로운데, 버핏과 거의 유사한 방법에 도달했다. 그의 사례를 통해 '초우량주를 찾아내어 최저가에 매수해 장기 보유하는' 버핏식 투자기법의 중요성을 다시 한 번 상기해보자.

여덟 번째 인물은 존 템플턴John Templeton이다. 템플턴은 신흥국 투자라는 새로운 분야를 개척한 인물로, 당시 신흥국이자 고도성장기의 일본주식에 투자해서 큰 성공을 거둔 사례로 유명하다. 템플턴에게는 시야를 전 세계로 넓혀 상대적으로 저평가된 국가나 주식을 찾아내는 국제투자가적인 감각을 배운다.

아홉 번째는 존 네프John Neff이다. 네프는 현직 펀드 매니저들에게 가장 존경받는 투자업계의 전설이다. 네프는 고성장주를 의도적으로 피하고 안정성장주에만 집중투자하여 큰 성공을 거두었다. 고성장주를 선택할지, 안정성장주를 선택할지의 문제와 성장주의 PER을 어떻게 참고해야 하는지에 대한 기법을 배운다.

열 번째는 고레카와 긴조是川銀이다. 고레카와는 일본을 대표하는 투자가다. 격동의 시대를 살면서도 끊임없이 공부하고 연구하여 하나씩 꿈을 이루어간 그의 모습에서 분명 큰 감명을 받을 수 있을 것이다. 또 투자가가 아닌 인간으로서의 삶에서도 많은 것들을 배울 수 있다. 그가 최종적으로 도달한 방법이자 개인투자가들이 알아두면 유익한 '거북이 3원칙'이라는 기법을 소개하겠다.

이어지는 제8장에서는 또 다른 2명의 투자고수를 통해 증시와 경제의 전반적인 큰 흐름을 꿰뚫는 투자기법을 배우도록

한다.

열한 번째 등장하는 인물은 마틴 츠바이크Martin Zweig다. 츠바이크는 증시의 흐름을 정확하게 예측해내는 것으로 유명하다. 그의 투자기법을 통해 주가의 폭발적인 움직임과 중앙은행의 금융정책을 분석하여, 전체 증시와 경기의 흐름을 예측하는 방법을 알아보도록 한다.

마지막, 열두 번째로 등장하는 인물이 조지 소로스George Soros다. 소로스는 헤지펀드의 존재를 세상에 알린 전설적인 인물로, 이를 통해 20조 원에 달하는 개인자산을 벌었다. 소로스의 투자기법을 살펴보면서 외환시장 등의 거대한 흐름이 전환되는 시점을 간파하는 방법을 배우도록 한다.

이상 12명은 고수 중에 고수로, 그야말로 위대한 투자가들이다. 실제로 투자방식을 보면 개인투자가들도 "맞아, 바로 이거야"라며 무릎을 탁 치게 만들 만한 투자기법들이 가득하다. 배울 만한 가치가 있는 투자가들만 엄선했다. 또한 이 책에서 다루는 투자가들은 투자가로서도 탁월하지만 인간적인 매력도 있어 소설보다 드라마틱한 인생을 산 사람도 많다. 이런 요소들 때문에 이 책을 더욱 흥미진진하게 읽을 수 있을 것이다. 그들의 일화를 통해 투자가로서 가장 중요한 '합리적인 사고방식'을 익히는 동시에 '절대적으로 유리한 투자기회'를 탐색해내는 투자기법(=필승법칙)을 얻어갈 수 있을 것이다.

벤저민 그레이엄에게 배우는,
가치투자란 무엇인가?

'10만 원짜리 주식을 5만 원에 산다'는
생각으로 저평가된 주식을 찾아라!

벤저민
그레이엄

수익과 자산, 양쪽 측면에서
가격하락과 불안요소가 없는
저평가 주식을 산다

1894년에 태어나 1976년에 세상을 떠났다. 가치투자 이론을 창시한 인물로 워런 버핏을 비롯한 수많은 전설적인 투자가들을 제자로 키워냈다. 대공황 중에 출간한 《증권분석》에서는 제목 그대로 증권분석이라는 새로운 분야를 개척했다. 또한 1949년 일반투자자를 위해 쓴 《현명한 투자가》는 개인투자가를 위한 최고의 지침서로, 아직도 꾸준히 판매되는 스테디셀러다.

수많은 성공한 투자가를 키워낸
가치투자 거장이 창시한 개념

벤저민 그레이엄은 20세기 전반부터 중반에 걸쳐 활약한 유명한 투자가다. 그레이엄은 투자가로서 억만장자에 오를 만큼 경제적으로 성공을 거두었지만, 그보다는 '가치투자, 저가매수'라는 투자개념과 기법을 확립한 이론가로 더 유명하다. 이 이론은 수많은 투자가에게 영향을 주었고, 결과적으로 수많은 억만장자를 탄생시켰다. 대표적 인물이 워런 버핏이다.

버핏에 대해서는 3장에서 자세히 다루겠지만 주식투자로 약 50조 원에 달하는 개인자산을 구축한 세계 최고의 투자가다. 버핏은 그레이엄에게 직접 투자의 기본을 배웠으며 이를 토대로 전대미문의 거대한 성공을 향한 첫걸음을 시작했다. 그래서 이번 장에서는 버핏을 비롯한 수많은 억만장자를 배출한 그레이엄의 '저가주식 투자'라는 이론과 기법을 소개하겠다. 먼저 이 이론을 창시한 배경부터 살펴보자.

그레이엄은 투자가로 성공하기 전에 경제적 파산(혹은 그에 가까운 상태)을 두 번이나 경험했다. 첫 번째 경제적 어려움은 그레이엄이 아직 어린 나이일 때 찾아왔다. 그의 아버지는 원래 성공한 사업가로 그레이엄 가족은 뉴욕에서 유복한 생활을 했다. 당시에 가사도우미, 요리사, 프랑스인 가정교사까지 고용할 만큼 풍요로웠다고 한다.

그런데 1903년 그레이엄이 9세가 되던 해에 아버지가 돌아가시면서 그레이엄 가족의 생활은 급격하게 힘들어졌다. 어머니는 경제적인 어려움에서 벗어나고자 돈을 빌려 주식투자를 시작하지만 1907년 주가폭락으로 파산하고 만다. 그레이엄은 이 시기에 경험한 경제적 고통과 사람들에게 받았던 굴욕적인 대우들을 평생 잊지 않았다고 한다.

그레이엄은 공부에 매진해서 콜롬비아 대학에서 장학금을 받으며 전체 수석에 가까운 우수한 성적으로 졸업한다. 대학에서 교수로 남아달라는 제안을 받지만, 제안을 거절하고 월가에서 증권거래 일을 시작한다. 그레이엄은 주식 트레이더이자 애널리스트로 단연 두각을 나타내며 파격적인 출세를 거듭하여 젊은 나이에 임원으로 발탁된다.

회사를 그만 둔 후에는 자산운용 회사를 설립하여 순조로운 운용성적을 올리면서 막대한 성공과 자산을 거머쥐게 된다. 그 야말로 어린 시절 자신에게 굴욕을 맛보게 했던 주식시장에 보란 듯이 복수한 셈이다. 하지만 큰 어려움 없이 자산을 확대해가던 중, 35세가 된 1929년에 역사적인 증시대폭락이 일어났다. 뉴욕 다우 평균주가가 1929년 9월 최고가 386달러에서 1932년 7월 바닥이었던 40달러로 약 3년 만에 90% 가까이나 하락했다. 그레이엄의 운용자산 또한 70%나 마이너스를 기록하고 만다. 뉴욕 다우 평균주가 하락에 비하면 그레이엄의 손실 폭은 그나마 적은 편이었지만, 그럼에도 경제적으로 파산 직전의 상황에 내몰리고 만다. 그의 인생에서 두 번째로 찾아온 경제적 고통이다.

뉴욕 다우 평균주가는 1932년 7월에 바닥을 친 후에도 1934년 10월까지 100달러 전후 수준에서 맥없이 제자리걸음하고 있었다. 그러는 동안 미국의 공업생산량은 절반으로 떨어져 실질 GNP(현재 GDP에 해당하는 지표)는 30% 이상 하락하고, 물가는 30% 가까이 떨어졌으며, 실업률은 25% 정도 상승했다. 일본의 거품경제 붕괴나 리먼사태 등과는 비교도 되지 않을 만큼 비참한 상태였다. 이것이 바로 역사 교과서에도 실려 있는 세계불황이며 대공황이라 부르는 사건이다.

그야말로 수많은 사람들이 경제적인 고통으로 절망에 빠져 있던 시대였다. 그레이엄 또한 고통을 함께 겪은 사람이었지만 주식투자를 멈추지 않았다. 오히려 주식투자 연구에 열을 올렸다. 이 시절 그레이엄이 추구한 목표는 '어떤 상황에서도 치명적인 실패를 하지 않고 장기적이고 안정적으로 자산을 증대시킬 수 있는 투자기법'이었다.

투자에는 자산을 '지킨다'는 면과 '늘린다'는 면이 있다. 그레이엄은 이 가운데 '지킨다'는 쪽에 큰 비중을 두고 '어떤 상황에서도 자산을 크게 잃지 않는다'를 최우선 과제로 삼았다. 두 번의 경제적 고통을 경험한 그레이엄이 '두 번 다시는 그러한 고통을 맛보고 싶지 않다'는 생각을 대전제로 삼게 된 것은 자연스러운 현상이었다. 이를 토대로 그는 가능한 한 '늘린다'는 쪽을 추구했다.

인플레이션은 반복되며
예금과 채권의 자산가치 또한 떨어뜨린다

이쯤에서 의문을 갖는 사람이 있을 것이다. '그토록 자산을 지키고 싶다면 돈을 예금이나 채권에 넣어두면 될 텐데'라고 생각할 수도 있다. 하지만 역사적으로 볼 때 높은 인플레이션 국면이 꽤 자주 찾아온다. 10년 만에 물가가 2배로 뛰는 정도의 인플레이션은 빈번하게 발생하며, 극히 드물기는 하지만 몇 년 사이에 100배의 인플레이션을 경험하기도 한다.

물가가 2배로 상승한다는 것은 현금의 가치가 절반으로 떨어진다는 의미다. 물론 인플레이션 시기에는 금리도 높아지는 경우가 많아 예금이나 채권으로 운용하더라도 그와 비슷한 수준의 이자가 붙는다. 하지만 대부분 높은 인플레이션 국면에서는 현금가치의 저하가 발생한다. 실제로 역사를 되돌아보면 인플레이션은 자산운용이라는 측면에서 부정적인 영향을 끼친 사례가 대부분이다.

1995년경부터 일본은 디플레이션과 비슷한 상태가 지속되면서 현금가치가 20년 가까이 거의 변화 없는 안정된 상황이다. 이렇게 현금가치가 안정적으로 유지되는 현상은 사실 역사적으로도, 세계적으로도 찾아보기 힘들다. 물론 이런 상황이 앞으로도 영원히 지속될 것이라는 보장은 없다. 어쩌면 머지않은 미래에 그레이엄이 머리를 싸매고 고투했던 인플레이션과의 전쟁에 우리가 내몰릴 시기가 올 수도 있다. 얼핏 안정적인 듯하지만 갑작스럽게 상황이 급변하는 것은 역사적으로 자주 발생했다. 전 세계 어디서든 갑자기 주가폭락, 금융위기, 심각한 디플레이션, 급격한 인플레이션이 일어날 위험성은 늘 존재한다.

그레이엄이 경험한 1929년의 증시대폭락과 뒤이어 발생한 디플레이션에 따른 경제공황의 사례에서도 마찬가지였다. 당시 미국경제는 일이 터지기 바로 직전까지 호경기와 주가상승 상황이 지속되고 있었기 때문에, '지금과 같은 호황이 상당 기간 계속될 것이다'라고 생각하는 사람이 많았다.

요컨대 이 세상에는 현금을 포함해 절대적으로 안전한 자산 같은 건 없다. 인플레이션이 일어나면 현금보다 오히려 주식이 안전성이 높아지는 현상도 얼마든지 벌어질 수 있는 것이다. 이런 까닭에 그레이엄은 '지킨다'는 관점에서 예금, 채권, 주식을 종합적으로 어떻게 분산하여 자산운영을 해야 이상적인지 고민했던 것이다.

다양한 위기와 변화에 대응하는 자산운용전략

그래서 나오게 된 것이 현금, 채권과 주식의 균형을 고려하면서 자산운영을 하는 형태다. 먼저 운용자산 전체를 '현금과 채권 50%, 주식 50%'로 나누는 것을 기준으로 한다. 여기에 주식이 유리할 때는 '현금과 채권 25%, 주식 75%', 주식이 그다지 유리하지 않을 때는 '현금과 채권 75%, 주식 25%'라는 식으로 자산 포트폴리오를 유연하게 변화시키는 전략이다. 또한 주식에서는 '저가주식투자' 기법을 토대로 선택한 안전하면서도 상대적으로 값싼 주식을 5종목 이상 분산하여 투자했다.

'안전성이 높은 저평가 주식을 찾아내어 5종목 이상에 분산하여 투자한다'는 투자기법은 안전성을 최대한으로 보장하면서도, 수익을 극대화할 수 있는 방법을 끊임없이 모색한 끝에 도달한 결론이다. 실제로 그레이엄은 이 기법을 확립한 이후 펀드 운용에서 20년에 걸쳐 평균 20%(20년 누계로 자산 40배)라는 높은 수익률을 안정적으로 지속시켰다.

그레이엄의 기법은 대공황이 한창이던 1934년에 《증권분석》이라는 책으로 출판된다. 당시 대부분 사람들이 자신 앞에 닥친 경제적 고통을 극복하는데 급급하여 주식투자 같은 건 생각할 수 없는 상황이었지만, 그레이엄은 이런 때일수록 자신을 포함한 투자가들이 적극적으로 나서서 주식투자의 바람직한 방향을 제시해야 한다고 생각했다. 이렇게 위기를 발판으로 삼아 주식시장이 활기를 되찾게 만들면 경제를 되살리는데 도움이 되리라 생각한 것이다.

이후 그레이엄은 일반 투자가를 대상으로 자신의 투자이론을 알기 쉽게 설명한 《현명한 투자가》라는 책을 저술했다. 버핏은 19세 때에 이 책을 읽고 투자가로서 눈을 떴다고 말한다. 또한 "지금도 투자에 관한 책 중 가장 뛰어난 책이라는 생각에는 변함이 없다"며 칭찬을 아끼지 않았다.

주식의 내재가치에 주목하고, 그 가치보다 크게 낮은 가격에서 매수한다

그레이엄이 확립한 가치투자를 간단하게 정리하면 '10만 원의 가치가 있는 주식을 5만 원에 산다'는 것이다. 좀 더 구체적으로 정리하면 다음과 같다.

① 그 주식의 원래 가치가 얼마인지를 생각하라.
② 그 가치보다 크게 밑도는 가격대에서 매수한다.
③ 주식가격이 본래 가치에 가까워지면 매도한다(2년 정도는 보유할 각오

를 하라).

얼핏 어이없을 만큼 단순한 방법이지만 그레이엄은 "식료품을 살 때처럼 주식투자를 하라"고 말한다. 예컨대 하나에 1,000원의 가치가 있는 무를 500원에 사면 그만큼 이익이듯 주식투자에서도 이 방법을 활용하면 된다는 것이다. 너무 단순하지만 이 투자기법을 발표한 당시에는 획기적인 발상이라 버핏을 비롯한 수많은 우수한 제자들이 그의 문하로 들어갔다.

하지만 대학 재무학 수업에서는 그레이엄의 이 이론을 거의 다루지 않는다. 이에 대해 버핏은 다음과 같이 말한다. "너무 쉽기 때문입니다. 즉 대학에서는 어렵기만 하고 도움은 되지 않는 내용을 가르칩니다. 경영대학원에서는 단순명쾌한 행동보다 복잡한 행동을 높이 평가하지만, 실제로는 단순명쾌한 행동이 훨씬 효과적이지요(재닛 로우, 《워렌 버핏, 부의 진실을 말하다》 중에서)."

'단순한 기법'이라고 말했지만 막상 실전에서 '가치투자'를 적용해보면 그리 간단하지 않다는 사실을 깨닫게 될 것이다. 간단하지 않은 작업을 완벽하게 실행으로 옮겼기 때문에 그레이엄과 버핏을 필두로 한 가치투자가들이 막대한 자산을 구축할 수 있었던 것이다. 그렇다면 이 투자기법을 일반 투자가가 따라 하기는 버거울까? 그레이엄과 버핏은 "전혀 어렵지 않으며 기본적인 사고방식만 익힌다면 누구든 할 수 있다"고 주장한다.

그렇다면 이제부터 이 '기본'에 대해 알아보기로 한다. 가치투자로 성공하기 위한 '기본'은 크게 2개로 나눌 수 있다. 첫째는 '주식의 가치'에 대한 사고방식, 둘째는 '증시변동'에 대한 사고방식이다. 먼저 '주식의 가치'에 대해 살펴보자.

가치투자의 기본 ①
'주식의 가치'를 살펴본다

주식이란 출자자가 갖는 그 회사에 대한 지분이다. 그 회사의 주식을 100% 소유하면 해당 회사는 100% 자신의 소유물이 되며, 0.01% 소유하면 그 비율만큼 자신의 것인 셈이다. 즉 주식을 산다는 것은 회사의 일부분을 소유한다는 의미다. 그런 까닭에 주식의 가치란 곧 그 회사의 가치이므로, 한 주의 가치는 한 주당 갖고 있는 회사의 가치를 나타낸다.

회사의 가치는 자산적인 측면과 수익적인 측면으로 나누어 생각할 수 있다. '자산 면에서 본 가치'와 '수익 면에서 본 가치'는 동일한 회사를 다른 측면에서 살펴본 것이다. 자산 면에서 본 가치는 순자산 총액으로 나타난다. 순자산이란 자산에서 부채를 뺀 부분으로 그 회사의 순수한 자산이라 할 수 있다. 31페이지의 도표는 1주당 가치를 그림으로 나타낸 것으로, 여기에서 순자산 가치는 주당순자산(1주당 순자산)에 해당하는 부분이다.

한편 수익적인 측면에서 본 가치는 '현재 수익성에서 본 가치'에 '성장성'이 더해진 형태다. 성장성이란 앞으로 수익이 증가할 것으로 기대되는 가치를 말한다. 보통은 자산 면에서 본 가치보다 수익 면에서 본 가치가 크기 마련이다. 순자산을 뛰어넘는 부분은 '영업권'이라 하며, 이는 그 회사의 경영비법이나 브랜드 파워 등 눈에 보이지 않는 실력의 가치라고 할 수 있다.

　뒤에 나오는 도표는 기술한 주식의 가치를 한 눈에 알아보기 쉽게 나타낸 것이다. 그레이엄의 기법, 나아가 여기에서 발전된 버핏의 투자기법을 이해하기 위한 기본이 되는 내용이므로 완벽하게 이해해야 한다.

수익성에서 본 주식의 가치
＝주당이익×적정PER

수익 면에서 본 주식의 가치에 대해 좀 더 상세하게 살펴보자. 수익 면에서 주식의 가치는 다음과 같이 생각할 수 있다.

주당이익×적정PER

　주당이익은 그 회사의 주당순이익(세금을 뺀 후의 수익)이다. 즉 그 회사가 한 주당 어느 정도 돈을 벌 능력이 있는지 나타내는 지표다.

　또한 PER은 주당순이익에 대한 주가의 배율이다. 이를테면 다음과 같다. A주가 있다. 주당이익은 500원, 주당순자산은 5,000원, 주가는 5,000원이다. 이런 A사 주식의 PER은 10배(주가 5,000원÷1주당 이익 500원=10배)가 된다. 주식시장에서 투자가들은 그 회사의 주당이익이 얼마인지를 확인하고, 그 몇 배의 PER이 타당한지를 고려하면서 매수한다. 예를 들면 '이 회사는 전망이 불안정하므로 PER 10배라도 팔아야겠다'거나 '이 회사는 성장성이 높으므로 PER 20배이지만 사두어야겠다'는 식이다. 주식시장에 참여한 투자가들이 겁을 먹고 소심해지면 주가가 떨어져서 PER도 동반하락 하기도 하는데, 이런 바겐세일 같은 시기야말로 주식을 매수할 절호의 기회다.

한편 투자가들이 적극적인 태도를 보일 때는 높은 PER에서도 주식을 사들이기 때문에 주식시장이 전체적으로 상당히 높은 PER을 보일 때도 있다. 이처럼 거품이 낀 시기는 주식을 매도할 기회다. 이런 식으로 시장의 변동을 이용하여 주가가 상대적으로 저렴한 시기에 매수해서, 상대적으로 가격이 올라간 시기에 매도하면 수익을 낼 수 있다는 것이 그레이엄의 주장이다.

그렇다면 PER은 몇 배가 타당할까?

주요 국가 주식시장의 평균 PER은 역사적으로 10~20배 정도의 추이를 나타내고 있으며, 평균적으로는 15배 정도가 된다. 이것이 대다수의 투자가들이 표준으로 삼고 있는 기준이다. 그렇게 본다면 그 '주식의 가치=주당이익×15배'가 가장 적정한 기준이라 할 수 있다. 대충 어림한 수치이지만 대략적인 가치를 짐작할 수 있는 유효한 방법이다. 수치가 정확하지는 않더라도 주식의 가치를 어림잡아 파악할 수 있으면 된다.

사실 주식의 가치를 정확하게 산정하기란 전문가에게도 까

'주식의 가치'란 무엇인가?_①

〈주식의 3대 가치〉
① 주당순자산
② 현재 수익에서 본 가치
③ 성장성을 더한 가치

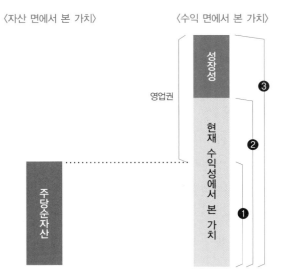

주식의 가치는 성장성까지 포함하여 ③으로 보면 된다. 하지만 ①→②→③으로 갈수록 안정성과 확실성은 저하된다. 수익성은 변동할 가능성이 있고, 성장성의 불확실성은 더욱 커진다. 이에 반해 ①의 주당순자산 가치는 자기자본비율이 높고 수익도 안정되어 있다면 안정성, 확실성이 높은 가치라고 할 수 있다.

다로운 작업이며, 그들 사이에서도 견해가 자주 엇갈린다. 따라서 주식의 가치라는 것은 '대략적으로 이 정도구나'라고 짐작할 수 있는 정도면 충분하다고 생각한다. 중요한 것은 대략적으로 파악한 가치보다 크게 밑도는 가격으로 주식을 사는 것이다. 그렇게 한다면 약간의 수치적 차이는 그다지 큰 의미가 없다. 이것이 그레이엄의 주장이다.

다시 '주식의 가치=주당이익×15배'라는 공식으로 돌아가서 이야기해보자. 여기에서 철저하게 따져보아야 할 부분은 기업이 수익성을 지속할 수 있는가이다. 주식의 가치에 대한 계산은 어림짐작이라도 상관없지만, 전제가 되는 주당이익이 이후에 크게 저하된다면 계산은 크게 어긋나게 된다. 앞에서 제시한 계산식이 그 주식의 대략적인 가치를 보여준다는 말은 어디까지나 현재의 주당이익이 유지된다는 전제에서 성립한다.

앞에서 예로 든 A사를 설명하면 주당이익 500원이 지속될 수 있는지가 문제가 된다. 만약 앞으로도 A사의 수익성이 꾸준히 유지된다면 A사 주식은 '주당이익 500원×PER 15배=7,500원'을 적정한 주가수준으로 볼 수 있다는 의미다. 만약 현재의 주가가 5,000원이라면 상당히 저평가된 가격이라 할 수 있다. 하지만 A사의 1주당 이익이 이후 300원 정도로 떨어진다면, 이 300원의 15배인 4,500원선을 적정한 주가수준으로 생각할 수 있다. 그렇다면 가격이 5,000원인 현재 시점에서는 매수해서 얻을 수 있는 이익이 없는 셈이다.

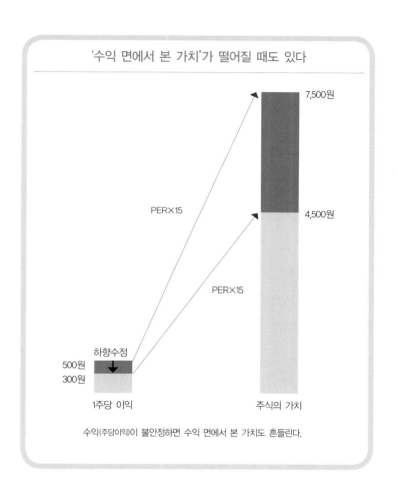

'수익 면에서 본 가치'가 떨어질 때도 있다

7,500원

PER×15

4,500원

PER×15

하향수정

500원
300원

1주당 이익

주식의 가치

수익(주당이익)이 불안정하면 수익 면에서 본 가치도 흔들린다.

이처럼 수익 면에서 본 주식의 가치는 그 회사의 수익동향에 따라 크게 좌우된다. 그런 의미에서 투자대상이 될 회사는 수익이 적더라도 안정적이며, 가능하다면 조금씩이라도 성장하는 형태가 바람직하다.

안정적인 실적, 밝은 전망, 견실한 재무구조, 3가지 조건을 확인한다

그레이엄은 종목선택에 관련하여 다음과 같은 조건을 든다.

① 과거 10년 동안 안정적으로 성장해온 실적을 보유하고 있다.
② 앞으로도 안정적인 성장세가 지속될 것으로 예상된다.
③ 재무구조가 튼튼하다.

실제로는 좀 더 다양한 조건을 세밀하게 나누어 제시하고 있는데, 그 가운데 중요한 내용만 요약하면 앞의 3가지로 요약된다.

과거 10년의 실적은 회사 홈페이지에서 확인할 수 있을 것이다. 대부분 상장기업은 홈페이지 안에 IR사이트(투자가에게 기업의 정보를 제공하기 위한 문서)를 마련해두고 분기보고서를 수시로 업데이트한다. 이 자료를 보면 5년 동안의 회사실적 추이를 알 수 있다. 그래서 현재의 사업보고서와 5년 전의 사업보고서를 연결시켜보면 지난 10년 동안의 실적변화를 확인할 수 있다.

10년 동안 적자를 낸 적이 없고, 연평균 2~3% 수준으로 안정적인 성장을 하고 있으며, 10년 사이에 평균 30% 정도로 수익이 증가했다면 합격이다. 이것이 그레이엄이 제시하는 기준이다. 그리고 앞으로도 안정적인 성장이 계속될지는 그 회사의 사업내용을 확인하여 다음과 같은 사항을 따져본다.

- 회사의 강점은 무엇인가?
- 회사가 제공하는 상품이나 서비스에 대한 향후 세계시장의 수요는 어떠한가?

견실한 재무구조는 우선 자기자본비율로 확인할 수 있다. 자기자본비율이란 총자산에서 자기자본이 차지하는 비율이다. 자산에서 부채를 뺀 금액은 그 회사의 순수한 자산이라는 의미로 순자산이라고 하는데, 자기자본과 거의 비슷한 의미로 생각하면 된다. 즉 자기자본비율이란 자산 가운데 부채를 제외한 부분의 비율이다. 이 수치가 높을수록 자산에서 부채가 차지하는 비율이 낮다는 의미이므로, 경영의 안전성이 높다고 할 수 있다.

일반적으로 자기자본비율이 50% 이상이라면 부채가 적고 재무구조가 견실할 가능성이 높은 것으로 판단한다. 재무구조가 탄탄하면 자금회전에도 여유가 있어 불황에도 안정적으로 성장을 지속할 가능성이 높다. 또한 주당이익이 향후에도 안정적인 추이를 나타낼 것이라는 신뢰감도 높아진다. 따라서 자기자본비율이 높으면 '수익 면에서 본 가치'에 대한 신뢰감은 자연스럽게 상승한다.

또한 뒤에서 살펴볼 항목과도 긴밀히 관련되어 있다. 자기자본비율이 높으면 자산의 질이 양호하다는 의미이므로 자산적인 측면에서 본 주식의 신뢰성도 더불어 높아진다. 비슷한 규모의 자산이라 해도 그 형태가 다양해서 양질의 자산이 있는가 하면 그렇지 않은 것도 있다.

주식가치의
3가지 단계

다음으로 자산 면에서 본 주식의 가치를 알아보자. 자산 면에서 본 주식의 가치는 주당순자산이라는 항목으로 따져볼 수 있다. 앞에서도 설명한 대로 순자산이란 그 회사의 자산에서 부채를 제외한 금액으로, 순수하게 그 회사의 자산가치라고 할 수 있는 부분이다. 또한 1주의 가격이 주당순자산이므로 '자산 면에서 본 주식의 가치=주당순자산'이라 할 수 있다. 또한 자산 면에서 본 가치에 영업권 가치(자산가치를 초월한 수익 면이나 성장성과 관련된 가치)가 더해져 주식의 가치가 결정되는 것이다. 이 내용을 앞에서 제시한 A주식을 예로 들어 도표로 나타내면 다음과 같다.

현재 수익 면에서 본 가치는 '주당이익×PER 15배=7,500원'이다. 이 7,500원과 주당순자산 5,000원의 차액이 영업권 가치

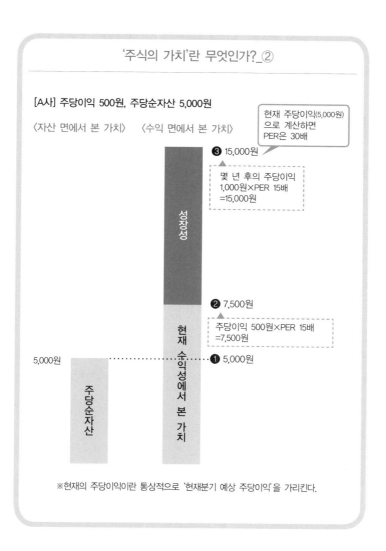

[A사] 주당이익 500원, 주당순자산 5,000원

〈자산 면에서 본 가치〉 〈수익 면에서 본 가치〉

현재 주당이익(5,000원)으로 계산하면 PER은 30배

❸ 15,000원

몇 년 후의 주당이익
1,000원×PER 15배
=15,000원

성장성

❷ 7,500원

주당이익 500원×PER 15배
=7,500원

현재 순익성에서 본 가치

5,000원 ‥‥‥‥‥‥‥‥ ❶ 5,000원

주당순자산

※현재의 주당이익이란 통상적으로 '현재분기 예상 주당이익'을 가리킨다.

이다. 여기에 수익성이 확대될 가능성이 높을 때에는 성장성이라는 가치를 더하는 형태가 된다. 이를테면 앞으로 몇 년 안에 주당이익이 1,000원 가까이 될 것으로 예상한다면, 여기에 성장성을 더한 주가는 1,000원×15=15,000원이 된다.

이처럼 '적정한 주가'를 평가할 때는 3가지 단계, 즉 자산가치, 현재의 수익성에서 본 가치, 성장성을 더한 가치로 나누어 생각한다. 이 가운데 그레이엄이 중시한 부분은 자산가치와 현재의 수익성에서 본 가치로, 이를 기준으로 삼아 주식매매를 판단했다.

가치투자의 기본 ②
주가변동을 활용해 최대한 낮은 가격대에서 매수한다

앞에서 주식의 가치에 관한 내용을 대략적으로 살펴보았다. 다음 단계로는 주가변동을 활용하여 최대한 낮은 가격대에서 매수하는 방법에 대해 알아보자. 여기에서 말하는 '최대한으로 낮은 가격대'란 구체적으로 다음과 같다.

- 해당 주식의 현재 수익에서 본 가치의 3분의 2 이하(PER 10배 이하)
- 자산가치를 크게 웃돌지 않으며, 되도록이면 자산가치 이하

이것은 그레이엄이 그의 저서에서 제시한 기준이다. 그 후 순조롭게 주가가 상승했을 때에는 '현재 수익에서 본 가치 수

준'까지 도달하면 목표를 달성했다고 판단하여 매각한다. 앞에서 예를 든 A주식처럼 5,000원 이하에서 산다면 매수조건이 충족된다. 예를 들어 A주식을 5,000원에 샀다고 하자. 그 후 주가가 상승한다면 현재 수익에서 본 가치로 계산할 수 있는 7,500원이 매각 목표치가 된다. 만약 예측이 빗나가서 A사의 실적이 예상 외로 악화되었을 때에는 '수익에서 본 주식의 가치'는 저하되어 주가도 하락할 수 있다.

하지만 주당순자산의 비율이 하락 지지대(하락을 저지하는 선)가 될 가능성이 있다. 물론 주당순자산의 비율을 주가에 크게 반영한 상태에서 주가하락이 지속되는 사례도 있다. 그렇지만 일반적으로 이런 상태는 재무구조가 좋지 않고, 수익성이 약해서 미래에 적자가 예상되는 회사에 나타난다.

재무구조가 건실하고 수익성도 안정된 회사라면, 일반적으로 그 주식의 가치는 '최저가라도 주당순자산 밑으로는 떨어지지 않는다'고 본다. 실제로 이 평가기준으로 거래하는 투자가가 많다. 이런 회사가 일시적으로 실적이 악화되더라도 순수자산 수준에서 하락이 주춤하는 사례가 많아, 이를 주가에 반영해도 수익이 크게 예상을 벗어나지 않을 가능성이 높다. 필자의 경험으로 볼 때 이런 경우의 주식은 매각해도 주당순자산에서 10% 전후 손실을 보는 선에서 처분할 수 있을 것이다. 이는 어디까지나 재무구조가 튼튼하고 수익이 안정된 회사라는 전제에서 가능하다.

앞의 내용을 바탕으로 'A주식을 5,000원에 매수한다'는 투자수익과 위험을 계산하면 성공했을 때에는 2,500원의 수익, 실패했을 때에는 500원의 손실이라는 결과가 나온다. 즉 500원 손실을 볼 위험을 안고 2,500원 수익을 노리는 것이다. A주식처럼 재무구조가 튼튼하고 수익이 안정된 주식을 PER 10배, PBR 1배라는 낮은 가격 선에서 매수하면 당연히 성공할 확률이 높아지며, 실패했을 때의 손실과 성공했을 때 수익차이는 5배나 된다. 그러므로 그야말로 적은 위험으로 고수익을 기대할 수 있는 매우 유리한 투자조건이라 할 수 있다.

그레이엄은 이런 주식을 5종목 이상으로 분산하여 투자하는 방법을 추천한다. 분산투자를 하면 그 가운데 실패하는 투자가 발생할 수도 있지만, 합산하면 높은 확률로 안정된 수익을 얻을 수 있기 때문이다. 그레이엄은 겹겹의 안전망을 마련하여 견고하게 방어를 하면서 높은 수익을 노리는 전략을 고안한 것이다.

'저렴할 때 매수하고 가격이 오르면 매도한다'를 철저하게 실행하려면?

지금까지 '주식의 적정가격을 어림잡아서 최대한 저렴한 가격대에서 매수하고 적정한 수준까지 오르면 매도한다'는 전략을 살펴봤다. '주식의 적정가격을 대략적으로 계산하는 작업'만 가능하다면, 나머지는 이 수준보다 낮은 가격대로 떨어질 때를 기다려 매수하면 되므로 무척 간단해 보인다. 하지만 이 '낮은 가격대에서 매수하여 오르면 매도한다'는 단순한 투자법이 실전에서는 생각처럼 쉽지 않다. 필자 또한 약 20년의 투자경험이 있지만, 이 단순한 투자행동이 여전히 어렵게 느껴진다.

주가가 큰 폭으로 떨어질 때는 경제나 주식시장 분위기가 어두워서 전반적으로 증시에 대한 우려의 목소리가 커지는 시기다. 이런 부정적인 견해와 어두운 분위기에 투자가가 홀로 맞서서 과연 주식을 사들일 수 있을까?

주식을 최대한 낮은 가격에서 매수하려면 그 가격에서 팔려는 사람이 있어야 한다. 이 시기에 주식을 매도하려는 사람은 어떤 생각을 할까? 일반적으로 '이 주식은 앞으로 더 떨어질 것 같다'고 예상하기 때문에 주식을 팔려는 것이다. 당신은 이런 부정적인 견해가 틀렸으며 자신의 긍정적인 견해가 맞다고 쉽게 말할 수 있을까? 주가가 이미 큰 폭으로 하락하여 바닥인 듯 보이지만, 실은 여러분이 모르는 악재가 숨어 있는 것일 수 있다. 이 사실을 아는 사람들이 '이렇게 싸게 팔고 싶지 않지만 주가가 더 떨어질 가능성이 크므로 선택의 여지가 없다'고 판단하여 주식을 쏟아내는 것일 수 있다.

조금 과장된 예이기는 하다. 하지만 실제로 주가가 큰 폭으로 하락했을 때 매수를 해도, 그 시점에서 더 크게 하락하는 상황은 자주 일어난다. 필자 또한 이런 '섣부른 저가매수', 혹은 '안이한 저가매수'로 말미암아 자산을 잃은 경험이 여러 번 있으며 아직도 실수를 할 때가 있다.

필자가 말하고 싶은 것은 결국 이것이다. '주식이 큰 폭으로 떨어지면 산다'는 전략으로 성공하기란 쉽지 않으며, '섣부른 저가매수'는 오히려 실패할 위험이 크다는 것이다. 투자가로서 섣불리 판단을 내릴 수 없으므로 결코 쉬운 투자법이 아니다.

- 주가가 왜 그렇게 떨어졌을까?
- 매도자는 어떤 이유로 그렇게 싼 가격에 이 주식을 팔려고 할까?
- 주식을 이 시점에서 매수하려는 이유가 타당한가?

저가매수로 성공하려면 앞의 3가지 사항을 다시 한 번 확인해야 한다. 그런 후에 '이 시점에서 주식을 매도하려는 사람의 판단이 틀렸으며 내 생각이 옳다'는 확신이 들었을 때만 매수를 진행해야 한다. 이때 검토해야 할 사항은 다음과 같다. 다음에 나오는 항목들을 통해 '아무리 생각해도 본래 가치보다 낮으며, 수익과 위험의 비율로 따져봤을 때 유리한 투자안건이다'라고 확신할 수 있어야 한다.

- 실적의 안정성
- 사업내용
- 재무의 안정성
- 자산적인 측면에서 상대적으로 낮은 가격대

• 실적에 비해 상대적으로 낮은 가격대

한편 주가가 높아졌을 때에는 긍정적으로 증시를 전망하는 사람이 많아져서 '아직 한참 더 오를 것이다'라는 밝은 분위기가 주식시장에 충만하다. 이런 긍정적인 견해와 밝은 분위기에 맞서며 주식을 자신 있게 매도하기란 마찬가지로 어렵다. 그래서 목표액에 도달했음에도 주식을 팔지 않고 계속 보유하고 싶다면 그 이유가 명확해야 한다. 만약 명확한 이유를 발견할 수 없다면 당초의 목표대로 이익확정매도를 하면 된다.

미스터 마켓에 조롱당하지 말고, 그를 이용하라

그레이엄은 젊은 시절, 급변하는 주식시장의 파고 속에서 고통당하고 농락당하면서 주가변동이라는 문제를 깊이 고민하게 되었다. 그래서 주가변동에 휘둘리지 말고 오히려 그 변화를 이용해야 한다는 사실을 깨닫고, 주가변동을 이용하려면 어떻게 해야 하는지를 진지하게 고민했다. 그의 저서를 보면 이 고민에 많은 페이지를 할애하고 있음을 알 수 있었다. 그레이엄이 제시한 결론은 다음과 같다.

• 주가변동이란 장기적으로 보면 주식의 가치를 정확하게 반영한 형태로 움직이지만, 단기적으로는 주식의 가치와는 무관하게 급등하기도

하고 급락하기도 한다.

• 주식의 가치를 정확하게 파악한 후, 급등이나 급락 장세를 이용하여 유리한 가격으로 매매한다.

• 주식시장이 급변하는 상황은 투자가들의 심리적인 동요로 인해 발생하므로 이것에 영향을 받지 않도록 주의한다.

'투자가들의 심리적인 동요'란 과도한 불안상태에 빠져 가격과 상관없이 주식을 투매하는 행태다. 또한 증시가 과열되어

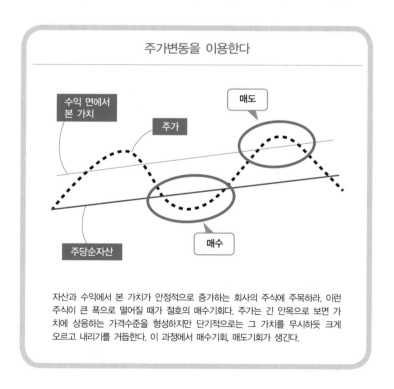

주가변동을 이용한다

수익 면에서 본 가치

주가

매도

주당순자산

매수

자산과 수익에서 본 가치가 안정적으로 증가하는 회사의 주식에 주목하라. 이런 주식이 큰 폭으로 떨어질 때가 절호의 매수기회다. 주가는 긴 안목으로 보면 가치에 상응하는 가격수준을 형성하지만 단기적으로는 그 가치를 무시하듯 크게 오르고 내리기를 거듭한다. 이 과정에서 매수기회, 매도기회가 생긴다.

가격이 급등하는 와중에 급격하게 자산이 불어난 사람들을 보고, '나도 한 몫 벌어야겠다'는 초조함에 가격과 상관없이 주식을 사들이는 등의 행태다. 앞의 두 상황 모두 불안이나 탐욕에 휩싸여 흥분상태가 되고 냉정한 판단력을 상실한 것이다. 그렇기 때문에 가치와는 무관하게 주식을 투매하거나 높은 가격에 매수하는 투기행동이 집단적으로 발생한다. 이는 예나 지금이나 변함없이 주식시장에서 반복되는 현상이다.

그레이엄은 이런 집단 히스테리적인 움직임에 휘말리지 말고 냉정하게 그 흐름을 이용할 것을 당부했다. 그는 이 현상에 대해 '미스터 마켓'이라는 가공의 인물을 만들어 하나의 일화로 책에서 소개하고 있다. 그 내용은 다음과 같다.

미스터 마켓이라는 사람이 있는데 나는 그와 함께 어느 회사에 1,000만 원씩 공동출자를 했다. 미스터 마켓은 참견하기를 좋아하고 기분파여서 자신이 보유한 주식가격에 대한 그의 생각을 매일 말해준다. 어떤 가격을 제시하며 내 주식을 사겠다고도 하고, 그의 주식을 팔겠다고도 한다. 그가 제안하는 주가가 해당 기업의 가치에 상응하는 적정한 수준이라고 생각될 때도 있지만, 미스터 마켓은 자주 이성을 잃은 듯 보일 만큼 형편없이 싼 가격 혹은 터무니없이 비싼 가격을 제시하기도 한다. 그렇다면 이 경우 내가 보유한 주식에 대한 평가가 매일 미스터 마켓의 말 한마디에 따라 결정되어야 할까?

미스터 마켓이 제시하는 주가에 현혹되지 않고 그가 형편없이 낮은 가격을 제시하면 주식을 사고, 터무니없이 비싼 가격을 제시한다면 주식을 팔 수도 있다. 이것은 엄청난 투자기회다. 하지만 그 외에는 사업내용이나 재무상황에 관련된 자료를 바탕으로 자신이 가진 주식에 대한 확고한 평가기준을 세우는 것이 현명하다.

이미 눈치챘겠지만 미스터 마켓은 주식시장을 가리킨다. 주식시장은 단기적으로는 비합리적인 움직임을 보일 때가 많아서 비정상적으로 높거나 낮은 가격을 매기는 사례가 허다하다. 이 혼란 속에서 탐욕과 공포에 빠져 히스테릭하게 반응하는 투자가가 아닌, 그 움직임을 이용하는 냉정하고 합리적인 투자가가 되어야 한다.

이렇게 되려면 주식의 가치를 정확하게 파악하고, 리스크를 철저하게 관리해야 한다. 구체적으로 리스크 관리를 설명하면 다음과 같다. 지나치게 큰 금액을 투자하지 말 것, 반드시 분산투자할 것, 실패했다고 판단된다면 재빨리 손절매할 것 등이다. 주식의 가치를 아무리 정확하게 판단했다고 해도 투자금액이 과도하면 조금만 주가가 흔들려도 감정과 판단이 요동치게 된다. 예상하지 못한 주가변동이 발생했을 때에도 냉정하게 대처할 수 있도록 투자금액을 적절하게 분산투자한다.

성장주 투자의
함정과 가능성

앞에서 '주식의 가치'를 살펴볼 때 자산 면에서 본 가치, 현재의 수익에서 본 가치, 성장성까지 포함한 가치라는 3단계가 있다고 했다. 그런데 그레이엄의 투자전략에서는 현재의 수익 면에서 본 가치만 고려하고 성장성 부분은 포함시키지 않았다.

A주식을 예로 들어보자. 주가가 7,500원일 때 이미 자산에서 본 가치를 크게 뛰어넘는 수준이다. 현재의 수익에서 본 가치와 비교해도 상대적으로 싼 가격은 아니다. 그러므로 그레이엄의 기준으로는 주가 7,500원인 A주식은 더는 매수대상이 아니다. 오히려 저렴한 가격대에서 매수한 경우에는 이익확정매도를 해야 하는 시점이라고 판단된다. 하지만 성장성까지 포함한 가치를 15,000원으로 판단했다면 A주식을 7,500원 사도 가격상승의 여지는 충분해서 무척 매력적이라 할 수 있다. 이것은 미래가치라는 부분에 주목한 투자로 '성장주 투자'라는 투자기법이다.

사실 그레이엄은 성장주 투자에는 부정적이었다. 특히 이익성장률이 높은 주식에 투자하는 것에 부정적이다. 일반적으로 생각할 때 성장력이 높은 회사 주식에 투자하는 것은 무척 매력적이다. 주당이익이 큰 폭으로 확대되면 주가도 크게 상승할 가능성이 커지기 때문이다. 실제로 성장주 투자로 막대한 재산을 구축한 투자가도 많다. 그럼에도 왜 그레이엄은 성장주 투자법에 부정적이었을까?

그 이유는 다음과 같다.

- 높은 성장률은 안정적으로 지속되지 않는 사례가 많다.
- 고성장 기업은 PER이 상당히 높은 사례가 많다.
- 고성장을 추구하는 경영은 자칫 어느 한 부분이라도 잘못되면 전체적으로 무너질 가능성이 크다.
- 고PER 상태에서 실적이 악화되기 시작하면 주가가 큰 폭으로 떨어질 수 있다.

분명 고성장을 지속하기란 쉽지 않다. 성장이 도중에 둔화되는 사례도 많으며, 심지어는 고성장을 노리고 무리한 경영을 시도하다가 경영관리에 문제가 발생하면서 실적이 크게 악화되는 일도 비일비재하다. 고성장주는 인기가 많아서 대부분 PER이 높게 나타나는데 성장률이 둔화되기 시작하면 주가가 큰 폭으로 떨어질 위험을 내포하고 있다.

이를테면 다음의 예를 생각해볼 수 있다. B주가 있다고 하자. 주당이익이 전년도에 1,000원이고, 금년도에 1,300원으로 예상된다. 주가는 39,000원이다. 올해 예상 주당이익 1,300원에 대해 주가는 39,000원이므로 이번 분기 예상 수익에서 본 PER은 '39,000원÷1,300원=30배'가 된다.

만약 이 기업의 이익이 30%라는 높은 수치의 성장을 거듭한다면, 3년 후의 주당이익은 2배 이상인 2,860원이 된다는 계산이다. 주당이익이 2,860원이 되면 주가가 39,000원이더라도 PER은 14배에 약간 못 미치는 정도로 그리 높은 수준은 아니라고 볼 수 있다.

39,000원÷2,860원=약 13.6배

하지만 기대에 조금 못 미쳐, B사는 이번 분기 주당이익 예상을 20% 하향 수정하여 1,040원이 되었다고 하자. 전년도 1,000원보다 향상되었지만 성장률은 4%로 떨어지고 만다. 이 상태로는 PER 30배라는 높은 평가를 유지하기가 힘들 것이다.

이 경우 투자가들은 기대가 무너졌다는 실망감으로 주식을 투매할 가능성이 높아진다. 성장률이 낮아졌기 때문에 투자가의 평가도 PER 15배로, 평균적인 수준을 밑도는 상황을 충분히 예측할 수 있다. 이렇게 되면 주가는 다음과 같다.

주당이익 1,040원×PER 15배=15,600원

이익을 20% 하향수정했을 뿐인데 주가는 39,000원에서 15,600원으로 60%나 하락해버린 것이다. 이는 어디까지나 가상의 상황을 설정해 계산하는 것이지만, 이와 비슷한 현상은 현실의 주식시장에서 자주 발생한다.

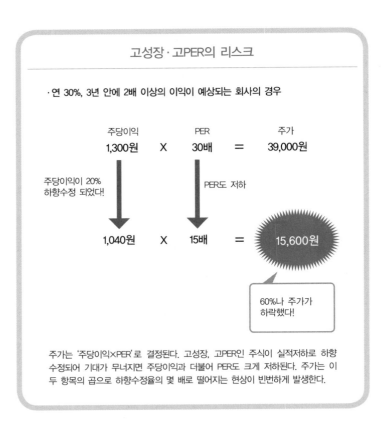

고성장·고PER의 리스크

· 연 30%, 3년 안에 2배 이상의 이익이 예상되는 회사의 경우

주당이익		PER		주가
1,300원	X	30배	=	39,000원

주당이익이 20%
하향수정 되었다!

PER도 저하

| 1,040원 | X | 15배 | = | 15,600원 |

60%나 주가가
하락했다!

주가는 '주당이익×PER'로 결정된다. 고성장, 고PER인 주식이 실적저하로 하향
수정되어 기대가 무너지면 주당이익과 더불어 PER도 크게 저하된다. 주가는 이
두 항목의 곱으로 하향수정율의 몇 배로 떨어지는 현상이 빈번하게 발생한다.

　　필자 경험으로도 그레이엄이 말한 것처럼 고성장주는 다루
기가 쉽지 않다. 고성장주는 무척 매력적이기다. 하지만 진정한
성장주인지 아닌지를 가려내기가 무척 어렵다. 게다가 전망이
빗나가면 주가가 큰 폭으로 떨어질 가능성이 있다는 사실 또한
간과할 수 없다.
　　물론 그중에는 주당이익이 몇 배나 성장하여 주가도 몇 배로

뛰는 성장주도 존재한다. 하지만 알짜 성장주일수록 주가는 자산에서 본 가치와 현재 수익에서 본 가치를 크게 윗돌 때가 많아, 이런 주식에 투자한다면 성장성에만 기대를 걸 수밖에 없다. 그런데 성장성은 불확실한 부분이 많아서 작은 충격에도 쉽게 흔들린다. 이런 회사의 주식은 아무래도 기대와 불안 속에서 크게 요동을 치며 움직이기 때문에 투자가들은 이런 주가변동을 견뎌내야 한다.

정리하면 성장주 투자는 불확정적인 요소가 커서 주가의 변동이 크다. 자산을 지키는 측면을 중시한 그레이엄에게 이런 식의 투자는 아무래도 받아들이기 힘들었을 것이라는 결론이 나온다.

물론 앞에서 기술한대로 성장주 투자로 대성공을 거둔 투자가도 있다. 이 책에서 다루거나 등장하는 투자가 중에도 이 기법을 활용한 투자가가 있으며, 그레이엄의 제자인 버핏 또한 그렇다. 버핏은 "본래의 가치보다 크게 낮은 가격대의 주식을 사라"는 그레이엄 투자기법의 기본적인 틀은 지키면서도, 투자 인생 중반 이후부터는 서서히 성장주 투자로 옮겨가 마침내 전대미문의 성공을 거둔다. 그런 의미에서 성장주에 대한 투자는 무척 매력적으로 보일 수밖에 없다. 그렇다면 그레이엄조차 어렵다고 포기한 성장주 투자를 비전문가인 우리는 어떻게 접근해야 할까?

2장에서는 버핏의 두 번째 스승인 성장주 투자의 거장, 필립 피셔에 대해 알아보겠다. 그레이엄은 필립 피셔를 "(성장주 투자는 어렵지만)유망한 성장주를 매번 정확하게 발굴해내는 예외적인 애널리스트도 있다"고 그의 책에서 소개했다. 성장주 투자를 논할 때 결코 빼놓을 수 없는 투자가다.

Chapter
02

필립 피셔에게 배우는,
지속적으로 성장하는 주식을 찾는 법

평생의 반려자를 찾듯 성장주를 찾아라!

15가지 체크항목으로
수십 년 이상 성장하는
주식을 발굴하라

1907년에 태어나 2004년에 세상을 떠났다. 스탠포드 대학의 비즈니스 스쿨에서 경영학을 공부한 후
증권 애널리스트 등을 거쳐 1931년에 투자고문 회사를 설립했다. 수십 년 동안 지속적으로 성장하여
가치가 수십 배로 오를 것 같은 초성장주 투자이론을 창시하여 성공을 거둔다. 워런 버핏의 또 다른
스승이기도 하다. 대표적인 저서로는 1958년에 출간한 《위대한 기업에 투자하라》가 있다.

워런 버핏에게 영향을 준
성장주 투자의 대가

필립 피셔는 워런 버핏에게 성장주 투자의 핵심을 전수한 사람으로 성장주 투자의 거장이라고 불린다. 가치주 투자의 거장인 벤저민 그레이엄과 비슷한 시기에 활약했지만, 그와는 대조적인 투자법을 실천하여 성공한 사람이기도 하다. 피셔는 대학을 졸업한 후 증권업계에 입문하여 애널리스트 등을 거치며 경험을 쌓다가, 1931년 24세가 되던 해에 독립하여 투자고문 회사를 설립했다. 그리고 그 후 2004년에 96세로 세상을 떠날 때까지 성장주 투자법을 고수했다.

필립 피서는 1929년 증시대폭락 이후 경제공황이 한창이던 시기에 입문하여, 그 후 20세기 미국 경제성장의 혜택을 누구보다 톡톡히 누리며 발전했던 투자가 중 한 사람이다. 대학에서 경영학을 공부할 때 지도교수와 함께 매주 여러 기업을 방문하여 토론하는 현장훈련을 하면서 '좋은 회사의 조건은 무엇일까?' '지속적으로 발전하는 회사란 어떤 회사일까?'에 큰 관심을 갖게 되었다. 그리고 24세 때 증권업계에 들어와 3년 정도 몸담으며, '철저한 조사를 바탕으로 잠재적 가능성이 높은 소수의 회사에 집중투자하면 성공할 수 있다'고 확신한다.

피서가 말하는 잠재적 가능성이 큰 소수의 회사란 수십 년에 거처 지속적으로 성장하여 주식이 수십 배로 오를 것으로 예상되는 회사다. 실제로 피서는 다우케미컬, 모토로라, 텍사스 인스트루먼트, 코닝 등 극소수의 종목만 선택하여 철저한 조사를 바탕으로 투자했고, 이 주식을 고객과 함께 수십 년 이상 보유했다. 그 결과 그는 자신이 보유한 모든 종목에서 수십 백, 혹은 수백 배라는 어마어마한 수익을 올리는 성과를 실현시켰다.

피서는 개인투자가에게 장기적으로 볼 때 수십 배로 성장할 잠재성이 있는 회사, 극소수의 압도적 성장력을 지닌 회사의 주식만 집중 선택하여 철저하게 자료를 수집한 후 투자하는 방법을 추천한다. 자신의 저서에 이런 극소수의 걸출한 성장주를 발굴하기 위한 15가지 핵심기술을 설명하고 있다.

지금부터 소개하는 15가지 항목 중에는 '그래, 맞아'라며 수

궁할 수 있는 내용도 있지만, 항목에 따라서는 '어떻게 알아보라는 거지?'라는 의문이 생기는 것도 있을 것이다. 필자 또한 피셔의 책을 읽으며 이런 의문이 들었다. 정확히 말해 확인할 길이 없는 내용도 있다. 하지만 그런 부분은 '기회가 된다면 알아봐야지'라며 기억해두는 정도면 되지 않을까? 피셔의 15가지 항목에서 제시한 부분을 힘닿는 데까지 조사하고 분석해서, '이 정도면 꽤 좋은 회사 같다'고 판단되는 회사를 선택하면 된다. 이 정도로도 성장주를 선택하는 데 충분히 도움이 될 것이다.

피셔의 주식종목 조사법
_자료를 준비하여 사실조사를 한다

피셔는 어떤 식으로 투자대상을 조사했을까? 그는 잠재성이 있다고 판단되는 회사를 발견하면 먼저 다음의 자료를 충분히 검토한다.

- 사업보고서 또는 분기보고서
- 신문이나 잡지 기사
- 애널리스트의 보고서

사업보고서와 분기보고서는 회사가 3개월마다 작성하는 실적과 재무내용에 관한 보고로 회사 홈페이지에서 찾을 수 있다. 홈페이지에는 그것 이외에도 그 회사를 정확하게 파악할 수 있는 자료가 많으므로 충분히 활용하자. 또한 일부 증권회사에서 '닛케이텔레콤21(일본 닛케이신문사의 종합데이터베이스 시스템)'이라는 매우 편리한 서비스를 제공하고 있는데, 이를 통해 니혼게이자이신문이나 일본 경제신문사의 전문지 기사검색 등이 가능하다. 이런 서비스를 활용해 조사대상인 회사의 기사를 검색하는 방법도 효과적이다. 물론 일반 검색사이트에서 검색하여 해당 회사에 관련된 기사를 찾아봐도 상관없다. 이런 조사는 개인투자가도 쉽게 할 수 있으며, 웬만한 정보는 알아낼 수 있을 것이다.

이렇게 조사를 마친 피셔는 회사 관련자를 직접 찾아다니며 묻는 '탐문조사'를 했다. 여기서 회사 관계자는 경영자, 사원, 거래처, 경쟁사 등을 말한다. 우리 같은 일반투자가는 경영자나 종업원과 직접 이야기를 나눌 기회가 거의 없다. 하지만 다음의 목록의 범위에서 기회를 활용하면 피셔의 '탐문조사'와 유사한 활동이 가능하다.

- 주주총회나 개인투자가를 대상으로 한 설명회
- IR이벤트
- IR담당자와의 전화상담
- 경쟁기업이나 거래처 IR담당자와의 전화상담
- 평소 친분이 있는 사원이나 관계자

주주총회는 최소 단위의 주식만 보유한다면 출석할 수 있다. 또한 최근에는 개인투자가를 대상으로 한 설명회도 증가하는 추세다. IR이벤트는 니혼게이자이신문이나 도쿄증권거래소, 그 외 다른 거래처에서 대규모로 실시하기도 한다. 이런 이벤트에서는 수십 개의 상장기업이 모여 투자가를 대상으로 약식 설명회를 개최하여 질문에 답해주기도 한다.

혹은 구체적인 질문이라면 IR담당자에게 전화로 문의하는 방법도 있다. 상장기업에는 IR이라는 투자가를 상대하는 전문부서를 대부분 마련해두고 있어 개인투자가의 질문에도 성의 있는 태도로 답변해주는 회사가 많아지고 있다. 어찌됐건 '소수의 탁월한 성장주'를 발굴하려면 되도록 다양한 정보를 수집하고, 최대한 자세히 조사하는 것이 피셔의 방식이다.

탁월한 성장주를 발굴하는 피셔의 15가지 항목

앞의 과정을 마쳤다면 이제 구체적으로 피셔의 소수의 탁월한 성장주를 찾아내는 15가지 항목을 살펴보자. 다음의 도표는 이해를 돕기 위해 피셔의 책에 나열된 내용을 순서를 바꾸어 4개의 그룹으로 분류하여 설명한 것이다.

피셔는 최첨단 산업과 화학 등 기술계열 회사에 특화하여 투자했기 때문에, 이 15가지 항목은 주로 기술계열 회사를 염두에 두고 정리한 것으로 보인다. 하지만 서비스업 등 다른 업종에도

피셔의 성장주를 발굴하는 15가지 법칙

지속적인 매출증대 능력을 파악하는 6가지 핵심

① 향후 5년 이상 매출액이 지속적으로 상승할 수 있는 제품을 보유하고 있다.
② 5년 이후에도 매출이 지속적으로 확대될 수 있는 신제품을 개발할 의지와 능력이 있다.
③ 기업의 연구개발 노력은 회사 규모를 감안할 때 얼마나 생산적인가?
④ 독자적인 특별한 기술이나 노하우가 있다.
⑤ 평균수준 이상의 영업조직을 갖고 있다.
⑥ 장기적인 전망을 세워 기업을 운영하는가?

이익산출 능력을 파악하는 3가지 핵심

⑦ 영업이익률이 높다.
⑧ 높은 영업이익률을 유지하고 개선하기 위해 충분한 노력을 하고 있다.
⑨ 원가분석과 회계 관리 능력은 얼마나 우수한가?

인재와 경영자의 자질을 파악하는 4가지 핵심

⑩ 양호한 노사관계를 구축하고 있다.
⑪ 경영진이 능력을 발휘할 수 있는 환경이 조성되어 있다.
⑫ 두터운 기업 경영진을 갖고 있는가?
⑬ 경영자는 문제가 발생하거나 경영상태가 악화되었을 때도 투자가에게 솔직하게 말할 수 있는가?

투자가에 대한 태도를 파악하는 2가지 핵심

⑭ 투자가에 대한 도덕적 책임감과 의무감을 갖고 있는가?
⑮ 증자할 위험은 없는가?

적용할 수 있는 부분이 있으므로 반드시 참고하기 바란다.

피셔가 제안한 소수의 탁월한 성장주를 선택하는 15가지 항목은 '지속적으로 매출을 증대할 수 있는 능력' '이익을 산출하는 능력' '인재·경영자의 자질' '투자가를 대하는 자세', 이렇게 4가지 부문으로 분류할 수 있다. 정리하면 '장기간에 걸쳐 매출을 지속적으로 증대하고, 이를 통해 최대한의 이익을 창출하여, 그 이익을 투자가에게 환원하려는 자세를 갖추고 있으며, 이를 실행할 수 있는 능력과 자질 갖춘 인재와 경영자를 보유한 회사'이다. 이런 회사가 바로 피셔가 원하는 성장기업인 것이다.

탁월한 성장주를 발굴하는 핵심 ①~②
: 향후 5년 이상 매출액이 지속적으로 상승할 수 있는 제품을 보유하고 있다.

: 5년 이후에도 매출이 지속적으로 확대될 수 있는 신제품을 개발할 의지와 능력이 있다.

현재 크게 성공하여 막대한 매출을 올리는 상품을 보유하고 있고 급성장하고 있지만, 1~2년 안에 쉽게 시들해질 상품밖에 없는 이른바 '반짝 상품'은 피셔가 말하는 장기투자 대상이 아니다. 하지만 이런 회사의 주식은 단기적으로 주가가 급등할 가능성이 있으므로 과감하게 상승물결을 타보는 것도 나쁘지 않다. 어떤 제품의 유행을 재빠르게 잡아낸다면 단기간에 큰 이익을 얻을 수도 있다.

하지만 이 경우 대부분은 상승세 수명이 짧아 가격변동의 폭이 급격하다. 이런 주식을 포함해 비교적 단기간에 큰 수익을 내는 주식을 찾아내는 방법은 5장에 등장하는 윌리엄 오닐의 'CAN-SLIM법'에서 힌트를 얻을 수 있을 것이다. 피셔가 말하는 성장주는 이런 단발성 성장주가 아니라, 수십 년에 걸쳐 지속적으로 성장하는 '소수의 탁월한 성장주'이다.

지속적으로 매출을 증대시키려면 우수한 상품과 서비스를 꾸준히 개발하여 매출증대를 지속시킬 수 있어야 한다. 이를 확인하기 위해 피셔는 '현재 우수한 상품과 서비스를 보유하고 있는지, 이를 기반으로 하여 향후 5년 정도는 매출확대를 예상할 수 있는지'를 분석했다. 나아가 5년 이후에도 지속적으로 매출이 증대될 수 있도록 현재 상품을 보강하고 신상품을 개발할 계획을 세우고 있는지 알아보았다.

탁월한 성장주를 발굴하는 핵심 ③
: 기업의 연구개발 노력은 회사 규모를 감안할 때 얼마나 생산적인가?

기존의 상품을 보강하고 꾸준히 신상품을 개발하려면 연구개발이 뒷받침되어야 한다. 특정 기업이 연구개발에 어느 정도 투자하는지를 파악하는 작업은 조금 복잡하다. 분기보고서 등에서 매출액의 몇 %를 연구개발비에 사용하는지를 확인한 후 동종기업의 다른 회사와 비교하는 방법 등이 있다.

그 외에 연구개발에 쏟은 비용과 노력을 효율적으로 환수할 수 있는 체계가 갖춰져 있는지, 특히 연구원들이 충분한 동기부여를 받을 수 있는 환경에서 근무하는지가 중요한 사항이다. 하지만 이는 외부에서 확인할 길이 없으므로, 지금까지 발표된 신상품의 개발성과 등으로 판단하도록 한다. 또한 신문·잡지의 기사나 텔레비전 프로그램 등에서 해당 기업의 연구원들을 다룬 내용이 있다면 꼼꼼하게 확인한다.

탁월한 성장주를 발굴하는 핵심 ④
: 독자적인 특별한 기술이나 노하우가 있다.

그 기업만의 기술이나 노하우가 무엇인지를 확인하라. 해당 기업만의 축적된 기술과 노하우를 바탕으로 연구개발이 진행되어야 여기에서 생산된 성과도 큰 법이다. 기업이 보유한 기술과 노하우와는 전혀 관계가 없는 방향으로 연구개발이 진행된다면, 투자한 비용과 노력은 물거품이 될 가능성이 크다.

탁월한 성장주를 발굴하는 핵심 ⑤
: 평균수준 이상의 영업조직을 갖고 있다.

매출을 증대하려면 영업력도 중요하다. 영업력이란 고객과 커뮤니케이션을 하여 얻은 정보를 상품개발에 활용한다는 의미이기도 하다. 판매망과 서비스 체계, 홍보, 광고 등이 잘 갖춰져 있는지를 확인한다.

탁월한 성장주를 발굴하는 핵심 ⑥

: 장기적인 전망을 세워 기업을 운영하는가?

연구개발이나 판매활동 등이 장기적인 관점에서 이루어지는지도 중요한 체크사항이다. 연구개발 활동이 곧바로 수익으로 이어지지는 않지만, 앞으로 매출을 상승시키려면 현재의 수익을 조금 희생하더라도 연구개발에 집중해야 한다. 연구개발에 투자하는 노력을 통해 기업의 장기적인 관점을 파악할 수 있다.

기업이 장기적인 관점에서 고객을 대하는지도 살펴보라. 예컨대 어떤 문제가 발생했을 때 당장의 금전적인 손해를 무릅쓰더라도 고객의 신뢰를 회복하기 위해 기꺼이 비용을 지불하는가. 만약 눈앞의 이익을 우선한다면 소극적으로 대처할 것이다. 장기적으로 보면 이런 자세는 그 회사의 신뢰성은 떨어뜨리고, 향후 수익에 부정적인 요인으로 작용할 것이다.

탁월한 성장주를 발굴하는 핵심 ⑦

: 영업이익률이 높다.

매출증대와 더불어 중요한 항목이 그 매출액에서 어느 정도의 이익을 얻는가이다. 이것을 확인하기 위해 피셔는 영업이익률을 다음과 같이 계산했다.

영업이익률=영업이익÷매출액

이 계산법은 매출액 중 영업이익이 차지하는 비율을 나타낸다.

이익에는 몇 가지 종류가 있는데 영업이익은 영업을 통해 벌어들인 이익으로, 영업이익률이 높을수록 수익성이 높은 사업을 하고 있다고 볼 수 있다. 영업이익률의 바람직한 지표는 '동종업계의 다른 회사와 비교해서 수치가 높고, 매년 증가하는 상태'이다. 영업이익률이 동종업계의 다른 회사에 비해 높다는 것은 그 회사가 해당 업계에서 굳은 입지를 구축하고 있다는 의미다. 또한 이 지표가 매년 높아진다면 수익성이 개선되고 있다는 증거라고 할 수 있다.

탁월한 성장주를 발굴하는 핵심 ⑧~⑨

: 높은 영업이익률을 유지하고 개선하기 위한 충분한 노력을 하고 있다.

: 원가분석과 회계 관리 능력은 얼마나 우수한가?

영업이익률을 높이려면 '제품의 부가가치를 높인다' '비용을 낮춘다' 같은 기업규모의 노력이 뒷받침되어야 한다. 이를 위해서는 연구개발이나 업무효율을 높이기 위한 지속적인 개선활동이 중요하다. 연구개발을 통해 독창적이면서도 수많은 사람들이 원하는 상품을 개발한다면, 제품가격을 비싸게 책정할 수 있으므로 높은 이익률을 얻을 수 있다. 여기에 지속적으로 업무효율을 개선하여 비용까지 낮춘다면 영업이익률은 더욱 높아진다. 일본 기업 중 토요타의 자동차 개선운동 등을 대표적 예로 들 수 있다.

반면에 연구개발, 종업원, 거래처를 희생으로 한 비용절감 정책은 오히려 회사의 성장성을 불안하게 만든다. 필요한 비용은 투자하면서도 매력적인 상품개발과 업무효율의 개선활동을 지속하는 형태가 바람직하다. 또한 비용절감을 효과적으로 지속하기 위해서라도 회사 차원에서 철저한 비용분석, 재무분석을 실시해야 한다. 이는 개인투자가가 확인하기 어려운 부분이다. 하지만 해당 기업이 지속적으로 비용을 절감하기 위해 노력하고 있고 그 성과가 실적으로 드러난다면, 그 사실만으로도 우수한 회사라고 봐도 좋다.

탁월한 성장주를 발굴하는 핵심 ⑩

: 양호한 노사관계를 구축하고 있다.

우수한 인재가 모여 서로 동기부여를 주고받으며 일하는 분위기는 그 회사의 성장성에 중요한 요소가 된다. 이렇게 되려면 양호한 노사관계를 구축해야 한다. 구체적으로는 체계적인 연수제도와 경력관리제도를 갖추고 있으며, 업계나 지역에서 높은 급여체계를 유지하고 있는지, 결과적으로 이직률이 낮은지를 체크하면 된다.

탁월한 성장주를 발굴하는 핵심 ⑪~⑫

: 경영진이 능력을 발휘할 수 있는 환경이 조성되어 있다.

: 기업 경영진을 두텁게 갖고 있는가?

회사가 지속적으로 성장하려면 한 사람의 경영자가 아닌 우수한 경영진이 뒷받침되어야 한다. 이렇게 되려면 차기 경영자가 될 수많은 우수한 경영진이 책임감 있게 각자 맡은 분야에서 최선을 다해야 한다. 이를 위해서는 먼저 체계적인 연수제도, 경력 관리제도, 높은 급여체계, 낮은 이직률과 더불어 다음의 항목도 갖춰져야 한다.

- 창업자 가족 이외 사람 중에서도 실력 있는 경영자를 선발한다.
- 외부가 아닌 내부에서 경영자를 육성한다.

창업자 가족이 대주주로 해당 기업을 실질적으로 지배하는 경우, 실력을 무시한 채 창업자 가족만 출세가도를 달리고 그 이외의 사람은 실력이 있어도 출세할 수 없다. 그러면 회사경영에 긍정적인 자극을 줄 수가 없다. 또한 회사 내에서 경영자를 육성하는 체계가 아니라 외부에서 데려오는 체계에서는 경영진의 사기가 떨어질 수밖에 없다.

실제로 피셔는 외부에서 경영자를 영입한 회사는 실패한 확률이 높은 반면, 내부에서 경영자를 육성한 회사는 장기적으로 번영하는 사례가 많다고 말한다. 물론 창업자 한 사람이 단독으로 경영하는 회사는 경영판단이 빨라서 급성장을 하기도 한다. 또한 창업자의 아들도 어린 시절부터 탄탄한 경영수업으로 실력을 갖춘 후, 경영자의 자리에 올라 선대에 버금갈 만큼 회사를 번

성시킨 사례도 있다.

여기서 중요한 것은 창업자와의 혈연관계 여부를 떠나 내부에서 차세대 경영자를 차근차근 육성하는 것이다. 이렇게 실력위주로 후계자를 결정하는 체계를 갖추어, 이 결과를 전체 사원이 수긍할 수 있어야 한다.

탁월한 성장주를 발굴하는 핵심 ⑬
: 문제가 발생하거나 경영상태가 악화되었을 때도 경영자는 투자가에게 솔직하게 말할 수 있는가?

경영자의 자질은 발언 내용으로 판단할 수 있다. 다음의 사항들이 중요하다.

- 일관성과 합리성이 있는가?
- 그의 예상이 적중했는가?
- 자신의 말대로 실현하고 있는가?
- 문제 등을 솔직하게 말하는가?

경영자의 말이 합리적인지를 알아보려면 피셔가 제시한 15가지 항목 등을 근거로 삼으면 될 것이다.

피셔가 특히 중시한 부분은 '문제 등을 솔직하게 공개하는가?'이다. 많은 경영자가 자신의 실수나 약점을 좀처럼 인정하지 않으며, 경영악화나 다른 문제가 발생했을 때도 최대한 감추려고 한다. 나중에 문제가 드러나도 '경제상황이 나빠서' 같이 주변 환경 탓으로 돌리며 책임을 회피하는 일이 다반사다. 이에 반해 문제 등을 정확하게 말하는 경영자는 자사의 상황을 냉정하게 분석하는 객관성과 자신이 당면한 문제에 정면으로 맞서 개선하려는 자세와 능력을 갖추고 있다고 볼 수 있다.

탁월한 성장주를 발굴하는 핵심 ⑭

: 투자가에 대한 도덕적 책임감과 의무감을 갖고 있는가?

투자대상 기업을 선택할 때 경영진이 '투자가에 대한 도덕적 책임감과 의무감'을 갖고 있는지도 중요한 항목이다. 기업이 아무리 큰 이익을 얻어도 경영진이 자신의 욕심을 채우기에 급급해 이익을 눈속임하여 투자가에게 되돌려주지 않는 사례도 있기 때문이다. 경영자가 가족명의로 페이퍼컴퍼니를 만드는 것이 그 예다. 페이퍼컴퍼니를 이용해 실질적인 경제활동이 없음에도 수수료나 컨설팅 비용 등을 지불한 것처럼 조작하여 투자가에게 분배되어야 할 이익을 축소시키는 경우도 있다.

또한 피셔는 스톡옵션Stock Option을 남발하는 회사도 주의하라고 경고한다. 스톡옵션은 일정한 가격으로 주식을 살 수 있는 권리로 경영진이나 직원에게 성과급 형태의 보너스를 지불하는 것이다. 주가가 상승하면 스톡옵션을 행사하여 주식을 매수하고, 이를 시가로 매도하여 시세차액을 얻을 수 있다. 물론 경영진이나 직원의 근로의욕을 진작시키기 위해 적절한 양의 스톡옵션을 발행하는 정도라면 문제가 없다.

하지만 스톡옵션을 무턱대고 발행한다면 주식수가 급격하게 증가하여 기존 주식의 가격이 하락하고 만다. 극단적인 예를 들어보자. 총 발행주식수가 2배가 되면 기존의 주주가 가진 해당 회사의 지분은 절반이 되므로 주당이익도 절반으로 떨어진다. 이를 '주식의 희석화'라고 하는데 주가하락의 요인으로 작용한다. 스톡옵션이 발행되면 이는 잠재주식으로 사업보고서 등에 포함되며, 희석화 이후의 주당이익 등에도 반영되어 표시된다. 이것이 몇 % 정도의 희석화라면 크게 신경 쓸 필요가 없지만, 상당한 규모의 희석화를 동반한다면 주주를 배려하지 않는 기업이다. 그러므로 투자를 심각하게 고려하는 편이 좋다.

피셔는 배당에 관한 부분도 언급하고 있다. 배당이 많다고 해서 주주에게 성실한 기업이라고 할 수는 없다. 성장성이 높은 기업이라면 벌어들인 이익을 배당보다 사내유보자금으로 돌려 성장을 위한 투자에 사용하는 편이, 결과적으로 주주에게 이득이 될 때가 많기 때문이다. 이를 통해 회사에서 지급하는 배당의 몇 배 이상에 달하는 주가상승을 기대할 수 있다. 피셔는 "눈앞의 미미한 배당을 위해 미래의 막대한 수익을 희생하는 것은 어리석다"고 말한다.

탁월한 성장주를 발굴하는 핵심 ⑮
: 증자할 위험은 없는가?

증자는 신규로 주식을 발행하여 자금을 조달하는 방법이다. 이로 인해 발행주식수가 증가하므로 주당이익이 일시적으로 감소하고 만다. 이는 주식의 희석화를 초래하며 주가가 하락하는 요인이 된다.

증자 가능성은 자기자본비율이 어느 정도인지로 판단할 수 있다. 일반적으로 자기자본비율이 50%를 넘으면 재무적으로 여유가 있어 사업확장이 필요하면 자기자금이나 대출로 충당할 수 있다. 이 경우에는 주당이익의 희석화는 발생하지 않는다. 하지만 자기자본비율이 40% 이하라면 사업확장자금이 필요할 때 증자를 단행하는 예가 많다. 대출을 하면 자기자본비율이 급격하게 저하되어 경영이 불안정해지기 때문이다. 이는 절대적인 기준이 아니며 어디까지나 평균적인 수치다. 40~50% 정도에서는 사업확장자금이 필요할 때 자사주를 매도할 가능성은 반반 정도라고 할 수 있다.

피셔는 15번째 항목은 다른 14개 항목에 비해 중요도가 낮아, 경우에 따라서는 충족되지 않아도 상관없다고 말한다. 아직 규모가 작아도 성장성이 큰 회사라면 재무체질이 강하지 않아도 성장기회가 많을 수도 있다. 이런 사례라면 어쩔 수 없이 증자를 통해 사업확장 자금을 마련할 수밖에 없다. 증자할 가능성이 있다고 해서 투자대상 후보에서 무조건 제외시킨다면, 작지만 성장성이 풍부한 기업을 놓칠 위험도 있다.

탁월한 성장주를 매수할 때는
PER 30배까지가 허용범위

앞에서 피셔의 15가지 항목을 살펴보았다. 이 항목을 참고로 하여 투자종목을 찾는가? 그렇다면 이번에는 그 주식을 어느 시점에서 매수할지가 문제다.

피셔는 매매 타이밍에 대해서는 구체적으로 언급하지 않았다. 피셔의 최대 관심사는 오직 '탁월한 성장주'를 발굴하는 것으로, 이런 주식을 발견했다면 "어느 시점에서 매수해도 장기적으로 보면 큰 수익을 낼 수 있다"고 말한다. 그럴 것이 수십 배로 가격이 상승할 가능성이 있는 주식을 찾아내는 것이 목적이므로 50% 정도의 가격등락은 크게 신경 쓸 필요가 없다는 것이 피셔의 생각이다.

하지만 피셔는 거품증시의 꼭대기에서 매수했을 때와 거품 붕괴 이후 바닥에서 매수했을 때는 이후 수익에 상당한 차이가 발생하는 것 또한 사실이라고 말한다. 그래서 "더 큰 수익을 얻으려면 매매 시점도 어느 정도 중요하다"라고 했다.

먼저 증시가 과열되어 주가가 끝없이 상승할 때는 주식을 매수하지 않는 편이 바람직하다. 주식이 거품이 낀 상태라는 것은 실질적인 가치와는 상관없이 주가가 오르는 상태로, 이것을 판단하는 기준이 바로 PER이다. 피셔는 주가가 상대적으로 높고 낮은지를 판단하는 기준으로 정확한 PER의 수치를 제시하지는 않았지만, 탁월한 성장주라면 평균 PER의 2배 정도는 매수 가능한 허용범위로 생각하는 듯하다. 이것은 PER 15배 정도가 평균적인 수준이라고 하면, PER 30배 정도까지는 상관없다는 뜻이다. 하지만 이를 훌쩍 뛰어넘어 PER 40배나 50배, 혹은 그 이상이 되면 매수하기에 부담스러울 수밖에 없다.

피셔가 제안하는 3가지 매수시점

피셔가 제안하는 탁월한 성장주를 매수하는 시점은 다음 3가지다.

① 일시적으로 사업이 악화되어 주가가 하락했을 때
② 신규사업이 궤도에 오르기 전의 시행착오 시기
③ 구조조정을 착실하게 진행하여 성과가 나오고 있음에도 주가에 반영되지 않을 때

이 중에서 ③의 시점을 파악하기가 가장 손쉬워 보인다. 성과가 나오기 시작했다는 사실은 해당 종목을 주시하면서 실적 등의 수치로 확인할 수 있다. 그럼에도 주가가 좀처럼 오르지 않는 상황은 자주 벌어진다. 일단 인기가 떨어지면 투자자들의 관심 밖으로 밀려나 부활의 징후를 놓치기 때문이다. 하지만 평소에 해당 주식을 주의 깊게 관찰한 투자가에게는 좋은 기회가 될 것이다. 이것은 암흑 속에서 희미하게 퍼지는 서광을 발견하여

매수하는 방법이다.

한편 ①과 ②는 칠흑 같은 어둠 속에서 손을 더듬어 매수 시점을 찾는 것이나 다름없다. 그러므로 이 방법으로 정확한 시점을 파악하기란 쉽지 않다. 해당 회사의 수익성 악화가 일시적인 것인지, 쇠퇴의 길에 접어든 것인지를 판단하기가 어렵기 때문이다. 실적호조일 때는 "이 회사는 전망이 밝다"고 치켜대는 기사나 전문가가 많아서 투자가도 '내 판단이 맞았어'라는 확신이 생긴다. 하지만 실적이 악화되었을 때도 그 회사에 관한 문제점을 지적하는 기사나 전문가가 많아지는 법이다. 투자가 또한 '이 회사는 이제 안 되겠구나'라는 쪽으로 생각이 기울기 쉽다. 이런 상황에서 실적악화를 일시적이라고 판단하고 주식을 매수하는 것은 거의 불가능하다.

실적과 주가가 악화되었을 때가
투자가로서 자신을 시험할 수 있는 시기

가만히 생각하면 피셔는 '탁월한 기업'은 극소수이며, 자신이 인정하는 '탁월한 기업'은 평생 동안 몇몇 종목에 불과하다고 했다. 또 그것으로 충분하다고 말한다. 그 이외의 다른 기업들은 당연히 판단하기 어려울 수밖에 없다.

핵심은 자신이 진심으로 수긍할 수 있는 '탁월한 성장주'를 보유하는 것이다. 이렇게 하려면 자신이 선택한 주식에 대해 충분히 조사하고 분석해야 한다. 그리고 '아무리 생각해도 향후

장기간에 걸쳐 크게 성장할 것 같다'는 믿음이 있으며, '주가나 실적, 경기 등이 어느 정도 흔들려도 신념을 가지고 계속 보유할 수 있다'는 확신이 드는 주식을 사야 한다. 이 정도로 확신이 드는 주식을 매수한다면 일시적 불황으로 주가가 크게 하락할 때 비관적인 정보나 전문가의 견해를 접하더라도 냉정하게 매수시점을 파악해낼 수 있다.

또한 이 회사의 실적이나 주가가 악화되었을 때, 바로 그 때가 해당 주식이 자신에게 '탁월한 성장주'인지를 시험할 수 있는 기회다. 실적부진이나 주가하락으로 믿음이나 판단이 흔들릴 정도라면, 그 회사는 자신에게 장기적인 투자대상으로 적합하지 않다고 볼 수 있다. 기업 자체의 실적악화와 더불어 금융위기, 테러, 대지진 등의 외적요인으로 주가가 크게 하락할 때 또한 탁월한 성장주를 매수할 수 있는 기회이다. 동시에 자신이 보유한 주식에 대한 확신을 시험할 수 있는 시기인 셈이다. 이런 상황에서 심리적 동요가 일어난다면, 그 주식을 계속 사들일 필요가 없다. 다음의 가능성 때문이다.

- 그 주식은 내실 있는 '탁월한 성장주'가 아니라 쇠퇴의 길로 접어들었을 가능성이 있다.
- 성장주라고 해도 주가는 이후에 급격하게 하락하거나 불안정한 움직임을 이어갈 가능성이 있다.

해당 주식이 내실 있는 탁월한 성장주이며 가격이 급락하는 장세에서 매수했더라도 이후 주가가 또다시 떨어지는 등 불안정한 움직임을 나타내면 심리적으로 동요하여 계속 보유하지 못할 가능성이 높다.

확신을 뒷받침해줄
인내심이 필요하다

지금까지 살펴봤듯이 탁월한 성장주에 투자하여 성공하려면 '확신을 뒷받침해줄 인내심'이 필요하다. 피셔, 그레이엄, 버핏 모두 투자에는 인내심이 필수라며 그 중요성을 강조한다. 하지만 아무런 뒷받침도 없이 인내심을 발휘하다가는 비참한 결과를 맞이하고 만다. 대부분의 주식이 탁월한 성장주는 아니기 때문이다. 반복되는 부분도 있지만 성장주 투자에서 성공하는 핵심은 다음과 같다.

- 자신이 판단하여 진심으로 확신이 드는 탁월한 성장주를 발견하라.
- 그 주식이 어떤 요인으로 크게 하락했을 때는 과감하게 매수하라.
- 신념을 가지고 꾸준하게 보유하라.

소폭의 실적악화나 주가등락에 동요하지 말고 여러 고난을 극복하면서 우직하게 보유한다. 실적이나 주가가 악화될 때는 오히려 절호의 매수기회로 삼아 주식수를 늘려나간다. 이는 투자가로서 그 회사에 대한 지지를 표명하고 지원한다는 의미이기도 하다.

장기투자할 종목을 찾는 과정은 평생의 반려자를 찾는 것과 같다

살짝 과장된 표현이지만 피셔가 투자대상 종목을 선택하는 과정을 보면 평생의 반려자나 친구를 찾는 행동과 거의 유사하다. 인생을 살면서 진심으로 신뢰할 수 있고, 힘을 때는 버팀목이 되어주고 싶은 사람을 얼마나 많이 발견할 수 있을까? 굳은 신뢰를 바탕으로 장기간 보유할 수 있는 주식을 찾기란 그만큼 어렵다.

이런 종목을 발굴하려면 서로 궁합도 맞아야 하고, 강렬한 끌림 같은 것도 있어야 한다. '왠지 이 종목이 끌린다'라는 느낌으로 시작하는 것도 괜찮다. 하지만 이후 관계가 깊어지는 과정에서는 그 주식에 대해 자세히 조사하고 분석하며 숙지하는 노력이 수반되어야 한다. 정말 신뢰할 수 있는 주식이라는 확신이 들면 끝까지 함께한다.

하지만 신중하게 반려자를 선택해도 실패해 큰 타격을 받기도 한다. 다행히 주식투자는 인생의 반려자와 달리 한 종목에 집중하지 않아도 된다. 여러 종목에 분산투자하는 형태로 어느 정도의 실패는 다른 종목의 성공으로 충분히 메울 수 있다. 그래서 피셔는 5종목 정도로 나누어 분산투자하는 방법을 추천한다.

워런 버핏에게 배우는,
지속성장력을 발견하여
매수하는 방법

가치투자와 성장주 투자의 장점만을
접목한 최강투자법

독점적 지위의 초우량기업을 찾아
주가가 최저가가 될 때를 기다려,
그때 매수한다

1930년생이다. 아르바이트를 해서 모은 자금으로 시작하여 한 세대만에 50조 원에 달하는 개인자산을 축적한 역사상 최고의 투자귀재로 칭송받는 사람이다. 버크셔 해서웨이(Berkshire Hathaway)의 최대주주이자 CEO로, 이 회사를 통해 활발하게 투자와 매수를 하고 있다. 84세가 된 현재(2014년 기준)에도 최전방에서 활약 중인 투자가로 그의 일거수일투족은 전 세계 금융관계자의 주목을 끌고 있다.

평균 30%에 가까운 실적을 꾸준히 유지해
자산을 수천 배로 증가시킨 슈퍼스타

세 번째로 소개할 투자가는 워런 버핏이다. 그는 가치주 투자의 그레이엄과 성장주 투자의 피셔의 강점만을 흡수하여 상상을 초월하는 사상 최대 실적을 올렸다. 버핏은 1929년 역사적인 증시대폭락이 일어난 다음 해에 태어나 대공황이 이어지던 1930년대에 어린 시절을 보냈다. 소년 시절부터 계산하는 것과 장사에 관심이 많아, 아르바이트와 간단한 장사로 용돈을 버는 행동파 소년이었다. 소년시절부터 주식투자에도 흥미를 보여 10대 즈음에는 주가차트를 연구하여 아르바이트 등으로 모은 돈을 조금씩 투자했다.

19세가 되던 해 벤저민 그레이엄의 《현명한 투자가》를 통해 가치주 투자를 처음으로 접하고는 본격적으로 투자에 나서게 된다. 이후 그레이엄에게 직접 사사 받기 위해 컬럼비아 대학의 비즈니스 스쿨에서 공부했으며, 졸업 후에는 증권회사에서 경력을 쌓았다. 그러다가 그레이엄이 세운 투자회사에 들어가 그의 옆에서 가치주 투자비법을 전수받는다.

25세 때 독립하여 투자회사를 설립하여 펀드를 운용하기 시작한다. 이 펀드는 운용기간 13년 동안 최초 예탁금 1만 달러가 26만 달러로 증가했다. 1965년에 버크셔 해서웨이(이후 버크셔)를 인수하여 경영을 시작한다. 그리고 1969년 펀드를 해산한 후에는 버크셔의 경영과 회사를 통한 자금운용에 집중하고 있다. 이후 버핏의 투자는 버크셔를 중심으로 이루어지고 있어서 버핏과 버크셔를 일심동체와 같은 존재라고 보겠다. 실제로는 버크셔에서 주식을 매입했더라도, '버핏이 매입했다'라고 표현하고 있음을 알려둔다.

2014년은 버핏이 1965년에 버크셔의 경영권을 장악한 지 약 50년째가 된다. 1965년에 버크셔에 1달러를 투자했다면 2014년에는 약 7,000달러가 된다는 계산이 나온다. 1,000만 원이 700억 원이 된 것이다. 천문학적인 숫자인 탓에 쉽게 가늠이 안 되겠지만, 자산의 증가 속도를 대략 설명하면 다음과 같다. 투자자산이 수십조 원이 될 때까지는 연 20~50% 정도, 평균 30% 정도의 실적을 지속적이고 안정적으로 올렸다. 운용자금이 더욱 커진 이후부터 현저하게 실적은 저하되었지만, 그럼에도 매년 평균 10%대의 수익을 이어가고 있다.

버핏의 운용실적을 살펴보면 상당히 안정적이다. 주식시장이 좋지 않을 때에도 일정한 수준으로 이익을 기록했다. 지난 50년 동안 버크셔가 손실을 기록한 것은 단 두 차례뿐이다. 한편 실적이 매우 안정적이기 때문에 IT버블 같은 과열증시가 되면 시장평균 수익률보다 상대적으로 떨어질 때도 있다. 하지만 이런 상황에서도 "시장의 화려한 움직임에 흔들리거나 농락되지 말고 자신이 선택한 길을 차근차근 밟으며 좋은 결과를 이끌어낸다"는 버핏의 자세가 더욱 빛을 발한다.

정리하면 평균 30% 정도의 수준으로 자산이 증가하면 10년이면 14배, 20년이면 약 200배, 30년이면 약 2,600배, 40년이면 약 36,000배가 된다. 증시 상황이 좋을 때는 경험이 부족한 투자가라도 연간 30~50%의 수익을 올릴 수 있을 것이다. 어쩌면 운 좋게 자산의 몇 배에 달하는 수익을 얻는 사람도 나올 것이다. 하지만 버핏이 보통 투자가와 다른 점은 시장의 어떤 상황에서도 흔들리지 않고 자신의 투자법으로 30% 전후의 수익을 장기간에 걸쳐 이어왔다는 것이다. '기복 없이 안정된' 버핏의 투자법을 기억하라.

가치주 투자와
성장주 투자의 융합

그렇다면 버핏은 어떤 기법으로 '안정적인 수익'을 지속할 수 있었을까? 버핏의 기업을 아주 간략하게 정리해보자.

- 수십 년 이상 안정적인 성장을 지속할 것 같은 초우량 성장기업을 발견한다.
- 적정가격보다 현저하게 저렴한 가격대에서 주식을 매입한다.

버핏의 투자인생 초기에는 그레이엄의 가치주 투자가 중심이었지만, 서서히 피셔의 성장주 투자 쪽으로 궤도를 바꾸어갔다. 처음에는 "적정가격보다 현저하게 낮은 가격으로 매수한다"는 그레이엄의 투자기법을 철저하게 답습했다. 그렇지만 투자활동의 거점을 완전히 버크셔로 옮긴 1970년, 버핏이 40세가 되었을 즈음부터는 기업가치(=적정가격) 대부분이 성장성인 성장주를 투자대상으로 삼게 되었다. "성장성을 목표로 삼아 투자하는 것은 위험하다"며 성장주 투자를 배제했던 그레이엄의 이론에서 독립한 셈이다.

버핏은 피셔의 기법 중 수십 년 이상 지속적으로 성장할 수 있는 실력을 갖춘 '소수의 탁월한 성장주'만을 대상으로 장기투자하는 방법에 주목했다. 하지만 피셔의 기법과 다른 점도 있다. 판단기준을 종목선택과 가치, 2가지에 두었던 것이다. 가치에 대한 버핏의 생각은 나중에 투자 타이밍을 잡는 방법과 함께 설명할 것이다. 그러므로 먼저 버핏이 종목을 선택하는 방식을 피셔와 비교하면서 살펴보기로 한다.

버핏 종목의 특징,
이해하기 쉬운 단순함과 독점적 지위

피셔가 주로 선택한 종목은 최첨단 산업주와 화학주였다. 이런 주식들은 사회와 경제의 발전을 상징하는 분야로 매우 흥미진진하며 성장성도 풍부하다. 하지만 경쟁상대가 많고 기술적인 변화가 빨라서 막대한 연구개발비가 필요하며, 우수한 경영자의 리더십이 없으면 성공을 지속하기는커녕 살아남기도 어려운 세계이기도 하다. 그야말로 죽느냐 사느냐의 세계로, 업계에서 독보적으로 빛나는 위치였음에도 불구하고 10년만에 몰락해버린 기업이 적지 않다.

최첨단 산업주나 화학주 가운데 유망한 주식이 많기는 하지만, 이 가운데에서 장기투자의 대상을 발굴하는 것은 무척 난이도가 높은 작업이다. 어설픈 지식이나 판단으로 섣불리 손을 댔다가는 10년 후에 자산이 크게 줄어드는 결과를 초래할 수 있다. 그래서 버핏은 투자대상 기업의 조건으로 다음 2가지를 꼽았다.

•사업내용이 단순해서 이해하기 쉽다.

• 독점적 지위가 있다.

버핏은 식품업체, 일상용품 업체, 음식점, 서비스업 등 일반인이 소비자로서 해당 업체의 강점을 판단하기 쉬운 업종의 주식을 주로 선택했다. 대표적인 종목은 코카콜라, 아메리칸 익스프레스, 질레트, 월트디즈니 등이다.

물론 피셔에게는 최첨단 산업주나 화학주가 이해하기 쉬운 분야였을 것이다. 하지만 일반인이 이 분야를 이해하기에는 막대한 노력이 필요하며, 기술적 변화도 심해서 투자가가 변화에 재빨리 대응하기도 힘들다. 이에 비해 버핏의 종목은 이해하기 쉽다. 이 '이해하기 쉬운 단순함'이 버핏식 투자의 가장 큰 특징이라 할 수 있다. 여기에서 말하는 '이해하기 쉬운 단순함'은 사업 내용이 단순하고, '왜 매출이 오르는지'를 쉽게 알 수 있다는 뜻이다.

독점적 지위를 가진 기업의 4가지 사례

버핏 종목의 공통점은 이해하기 쉬운 단순함뿐만이 아니다. 향후 수십 년 이상 지속적으로 성장할 수 있는 독점적이라고 할 만한 지위가 있는 상품이나 서비스를 보유하고 있어 매우 안정적인 성장을 지속한다. 또한 향후의 실적도 쉽게 전망할 수 있다.

피셔가 투자대상으로 한 최첨단 산업주와 화학주는 다음의 항목을 신경 써야 한다는 점에서 버핏의 투자대상과는 대조적이다.

- 현재의 주력 상품을 이어갈 차세대 상품을 개발할 수 있는가?
- 기술적인 변천이나 변화를 따라갈 수 있는가?
- 경쟁사와의 경쟁이 심화되어 수요가 악화되거나 가격이 떨어질 위험은 없는가?

코카콜라의 콜라, 아메리칸 익스프레스의 신용카드, 질레트의 면도기, 월트디즈니의 캐릭터 등의 상품과 서비스는 버핏이 주식을 매수한 시점부터 수십 년이 흐른 뒤에도 쇠퇴하기는커녕 전 세계로 점점 퍼져나가고 있다. 코카콜라는 독특한 청량감과 풍미로 전 세계에 열렬한 애호가를 확보하고 있어, 청량음료로는 타의 추종을 불허할 만큼 압도적인 상품이다. 유사품 또한 펩시콜라 이외에는 없는 거의 독주 상태이다. 코카콜라는 세계경제의 성장과 더불어 전 세계적으로 매출을 증대시켰으며 이 추세는 지금도 계속되고 있다. 또한 미국의 패스트푸드 등이 전 세계로 퍼져나가면서 자동적으로 판매가 확대된 측면도 있다.

아메리칸 익스프레스는 신용카드업계의 선두주자 격이다. 미국을 비롯해 전 세계적으로 가맹점과 이용자를 보유한 압도적 네트워크, 그리고 절대적인 신뢰성과 브랜드파워를 구축하고 있으며, 이를 바탕으로 안정된 수익과 성장을 지속하고 있다. 신용카드 사업은 세계적으로 봐도 몇몇 회사의 독과점 상태로, 신규 업체가 새로운 가맹점와 이용자를 끌어들여 막강한 네트워크를 구축하기란 거의 불가능하다. 그래서 소수 기업이 전 세계 시장을 점령하는 독과점 상황은 앞으로도 지속될 것으로 보인다. 게다가 세계경제 확대와 더불어 신용카드 수요도 더욱 증가할 것이므로, 안정적인 성장을 지속할 가능성이 매우 높다.

잘 알다시피 카드는 일단 발급받아 사용하기 시작하면 웬만해서는 다른 회사 카드로 바꾸지 않고 계속 사용하게 된다. 공공요금 할인 등의 혜택이 적용된 카드 한 장만 꾸준히 사용하는 사례도 많다. 카드회사 쪽에서 보면 고객이 일단 가입하면 쉽게 떠나지 않으므로 안정된 수익을 올릴 수 있는 스톡형 비즈니스인 것이다.

면도기는 얼핏 대수롭지 않은 상품처럼 보이지만 칼날이 피부에 닿는 상당히 기술집약적인 상품이다. 면도기는 상품에 따라 사용감이 완전히 달라서 아침에 면도를 기분 좋게 하는가, 악전고투 끝에 피부를 베고 마는가에 따라 하루의 기분이 좌우된다. 그런 까닭에 소비자는 신뢰성이 높은 상품을 선택하고 일단 그 상품에 익숙해지면 충실하게 애용하는 특성이 있다.

이런 점에서 높은 품질과 브랜드파워를 확립한 질레트는 절대적인 강점이 있다. 사실 필자도 오랜 세월동안 질레트를 사용하는 애용자다. 여행을 갈 때도 잊지 않고 챙겨간다. 호텔에 비치된 면도기로 면도를 하고 싶지 않기 때문이다. 또한 면도기는 경기의 좋고 나쁨과는 관계없이 계속 소비해야 하는 소모품이다. "경기가 나쁘니까 수염을 깎지 않겠다"는 사람은 없을 것이며, 일정 기간 사용하면 칼날을 바꿔야 한다.

여기에 신흥개발국의 경제가 발전하여 선진국 수준으로 생활하는 사람이 늘면 품질 좋은 면도기에 대한 수요도 당연히 늘어날 것이다. 신흥개발국의 국민들도 일단 품질이 좋은 면도기에 익숙해지면 다시 예전 상품으로 돌아가기가 힘들 것이다. 버핏은 질레트의 주주가 된 후, "전 세계 남성의 턱에 매일 수염이 자란다는 사실을 생각하니 질레트 주주로서 매일 안심하고 잠자리에 들 수 있다"고 말했다.

월트디즈니의 캐릭터 또한 세계경제의 확대와 더불어 수요가 안정적으로 확대되고 있다. 심지어 경쟁상대도 없다. 디즈니의 캐릭터를 제공할 수 있는 회사는 디즈니뿐이다. 아무리 디즈니 캐릭터와 비슷한 가짜 캐릭터를 만들어도 디즈니의 팬들은 흔들리지 않는다. 물론 유행하는 다른 캐릭터와 잠시 경합할 수는 있겠지만, 디즈니 캐릭터 경쟁력이 워낙 막강해서 사실상 경쟁상대라고는 할 수 없다.

독점적 지위를 파악하는 핵심

앞에서 '이해하기 쉬운 단순함'과 '독점적 지위'를 겸비한 버핏의 종목 사례를 살펴봤는데, 그가 말하는 '독점적 지위'의 유무는 다음의 항목으로 알아볼 수 있다.

- 진입장벽이 있는가?
- 가격지배력이 있는가?
- 강점에 영구성이 있는가(수십 년 이상 지속가능할 것 같은가)?
- 수요가 확대될 여지가 있는가?

현재 수익성이 좋은 사업이라도 다른 업체가 쉽게 진입할 수 있는 부문이라면 점차 신규참여자가 증가한다. 그러면 경쟁이 치열해지면서 수익성이 나쁜 사업으로 전락하고 만다. 이래서는 독점적인 지위가 있다고 할 수 없다. 버핏은 코카콜라의 강점에 대해 "100조 원을 쏟아도 코카콜라를 넘어뜨릴 회사는 만들 수 없다"고 말했다. 이것이 바로 독점적 지위이다. 독점적 지위를 가진 기업은 가격경쟁에 휘말리지 않으며, 필요하다면 가격인상을 할 수 있을 정도의 가격지배력을 가지고 있다.

극심한 경쟁 속에 있는 회사에서 섣불리 가격을 인상했다가는 매출을 경쟁상대에게 빼앗기게 된다. 따라서 인플레이션으로 인건비가 상승하거나 원재료비가 오르더라도 좀처럼 이 비용을 가격에 반영하지 못한다. 결국은 회사의 수익감소 요인으로 작용한다. 즉 가격지배력이란 인플레이션 대응능력이다.

또한 독점적 지위를 갖는다는 의미는 그 강점이 수십 년, 혹은 그 이상 지속될 법한 강점, 즉 영속적인 강점을 보유하고 있다는 것이기도 하다. 그런 의미에서 버핏은 수십 년 이상 대를 이어온 장수기업을 선호했다. 이는 다른 회사가 흉내 내지 못하는 상품이나 서비스를 제공하여 고객에게 꾸준히 지지를 받는 회사를 말한다. 게다가 달리 대체할 방법이 없는 독점적인 지위를 보유한 기업은 세계적으로 수요가 확대될 가능성이 크다. 신흥개발국의 경제가 확대되어 선진국 수준의 쾌적함과 편리함을 추구하게 될 것을 생각해보자. 그렇게 되면 이런 상품이나 서비스를 제공하는 기업, 특히 독점적인 지위를 가진 기업이 신흥개발국에 진출하기가 훨씬 쉬울 것이다. 그러므로 시장확대의 여지가 어느 정도인지도 생각해봐야 한다.

독점적 지위의 재무적 특징

독점적 지위가 있는지 없는지는 대개 정성적定性的, 질적평가으로 판단하지만 재무적인 수치 또한 판단의 중요한 근거가 된다. 버핏이 선택한 독점적 지위가 있는 기업의 재무적 특징은 다음과 같다.

- 과거 10년 동안 안정된 성장을 보였으며, 그동안 이익은 2배 정도로 증가했다.
- ROE는 15% 이상이다.
- 매출액영업이익률은 10% 이상이다.

• 부채는 5년분의 순이익으로 상환할 수 있다.

10년 동안 영업이익이 2배가 되었다는 것은 매년 7% 정도의 성장률을 지속했다는 의미다. 버핏이 어느 회사에 투자한 시점을 살펴보면 대부분 이 정도의 성장궤도를 그리고 있다. 하지만 10년 동안 성장률이 1.5배나 1.3배라고 해도 그 증가세가 안정적이라면, 장기투자 대상으로 적합한 종목이 될 가능성이 높다. 중요한 것은 장기적인 안정성장성의 유무이기 때문이다.

ROE는 '순이익÷자기자본'으로 산출되는 수치로, 투입한 자기자본이 얼마만큼의 이익을 냈는지를 나타내는 지표이다. 자본효율을 알아볼 수 있다. 이 수치가 높다면 수익을 투자가에게 배당하는 대신 회사 내부에 유보하여 효율적으로 활용하고 있다는 증거이다. 또한 앞으로 기업가치가 더욱 높아질 것이라 기대할 수 있다. 장기투자를 판단할 때 중요한 지표가 된다. 버핏이 투자한 기업은 대부분 ROE가 15% 이상으로, ROE가 하나의 판단기준으로 작용했음을 짐작할 수 있다.

매출액영업이익률은 '영업이익÷매출액'으로 계산할 수 있는데, 매출액 가운데 영업이익이 얼마나 남는지를 나타내는 지표다. 수치가 높을수록 그 사업은 판매마진이 높다고 할 수 있다. 매출액영업이익률은 통상 10% 정도면 그런대로 우수하다고 평가하는데, 버핏이 선택한 기업은 거의 모두 이 기준을 가볍게 통과했다. 단, 슈퍼마켓이나 할인매장 등 박리다매 위주의 사업을 진행하는 기업이라면 5% 정도면 준수하다고 본다.

또한 버핏은 대출이나 사채 등의 부채가 지나치게 많은 회사를 기피했다. 대출이 과도하게 많으면 경기가 악화되었을 때 자금회전이 나빠져 단숨에 경영상태가 위기에 빠질 가능성이 있기 때문이다. 대출을 받는다는 것은 자기자금 이상의 자금을 들여와서 사업을 확장한다는 의미로, 이는 자동차가 엄청난 속력을 내며 내달리는 양상이다. 이렇게 과속으로 내달리면 도로상황이 변했을 때 자동차를 제어하기가 어려워진다. 구체적으로 버핏은 부채가 5년분의 순이익으로 상환할 수 있는 범위인지를 판단의 척도로 삼았다고 한다.

경영자가 무능해도
끄떡없는 기업

버핏은 궁극적으로는 다음과 같은 회사를 선호했다.

- 연구개발비나 설비투자가 그다지 필요하지 않은 회사
- 경영자가 무능해도 나름 높은 수익률을 보장할 수 있는 회사

'우수한 경영자'와 '연구개발'은 피셔가 제안한 종목선택 방법에서는 필수항목이었다. 물론 경영자가 우수하고, 연구개발 등 강점을 단련하는 노력을 게을리 하지 않는 기업이 당연히 바람직하다. 실제로 버핏 또한 다수의 이런 회사에 투자하고 있다.

앞에서 예로 든 회사들도 모두 우수한 경영진을 갖추고 있으며, 연구개발에도 힘써 품질개선과 신상품 개발에 적극적이다.

하지만 이와 동시에 만약 경영자가 조금 나태해지거나 연구개발 성과가 생각만큼 나오지 않더라도, 현재의 주력상품의 수익과 성장이 안정적이라면 지속적으로 해나갈 가능성이 높은 기업이기도 하다. 여기에 연구개발이 순조롭게 진행된다면 보너스로 더 큰 수익을 낳게 되는 것이다.

회사의 가치 =경영자원×경영자

회사의 가치는 경영자원과 경영자가 곱해져서 결정된다. 경영자원이란 자산, 기술, 노하우, 브랜드파워, 인재 등 그 회사가 보유한 유무형의 자산으로 경영전략이 되는 자원이다. 이것을 어떤 식으로 운용해갈지 그 방침을 결정하고 앞장서서 이끌어가는 사람이 경영자다. 이 경영자가 자산을 효율적으로 활용한다면 엄청난 이익이 창출되어 경영자원 또한 더욱 내실을 다질 수 있을 것이다. 그런 까닭에 '훌륭한 경영자원'과 '우수한 경영자'가 조합되었을 때, 기업의 가치는 극대화된다. 이것이 바로 버핏이 투자대상으로 삼는 회사다.

버핏은 이 중에서도 경영자원을 더욱 중시했다. 압도적으로 월등한 경영자원을 보유한 회사야말로 버핏이 선호하는 기업이다. 앞에서 예로 든 기업들이 전형적인 사례다. 버핏은 "궁극적

으로는 멍청이가 경영해도 끄떡없는 회사가 이상적이다"라고 말
하면서, "아무리 우수한 경영자가 경영해도 경영자원이 형편없
다면 아무 소용이 없다"고도 했다.

여기에서 버핏이 말하는 형편없는 경영자원이란 재무내용이
아니라 사업내용 그 자체를 가리킨다. 사업내용 자체가 쇠퇴에
접어들어 그 회사만의 강점이 사라졌다면 아무리 보유하고 있는
재산이 많아도, 아무리 훌륭한 경영자가 있어도 다시 재기할 희
망은 거의 없다고 버핏은 말한다. 사업을 다시 일으킬 수 없다면
적자는 계속 누적될 것이다. 사업을 접는다고 해도 설비나 인원
정리 등으로 막대한 자금을 지출해야 한다.

아무리 저렴해도
장래성 없는 회사는 사지 마라

"아무리 저렴해도 장래성이 없는 회사는 사지 마라." 이는
실제로 버핏 자신의 뼈아픈 실패 경험에서 나온 충고다. 버핏은
1965년에 섬유업체 '버크셔 해서웨이'의 경영권을 취득할 때까
지 주식을 대량 매수했다. 이즈음 미국 섬유업계는 이미 당시 신
흥국 기업들의 저가공세에 밀려 사양화에 접어든 상태였다. 버
핏 또한 "이 사업이 유망하지 않다는 사실은 알고 있었다"고 말
한다.

하지만 미래의 전망이 밝지 않다고 해도 웬만큼 이익을 창출
할 수 있으며, 무엇보다 자산 등에 비해 주가가 극단적으로 낮은

수준을 형성하고 있었기 때문에 사버렸다고 한다. 또한 매우 우수한 경영진을 갖추고 자신도 경영에 참여하여 버크셔를 궤도에 올리려고 노력했다.

하지만 최고의 두뇌가 최선을 다해도 결국 섬유산업의 사양화라는 큰 흐름을 거스르지 못하는 법이다. 적자를 거듭한 끝에 1985년에 버핏은 섬유사업에서 완전히 손을 뗐다. 그 후 버크셔는 섬유회사가 아닌 버핏의 투자활동 거점으로 전 세계에 이름을 알리게 되었지만, 섬유업체 버크셔에 대한 투자는 쓰라린 실패였다. 버핏은 이외에도 몇 차례 '주가가 지나치게 싸서 그만 충동적으로 샀다가 실패'한 경험을 했으며 스스로도 "잘못된 세일주식 매수"라고 자조한다. 버핏은 구체적으로는 다음과 같은 곳에 투자했다가 실패했다고 한다.

- 기술력이 낮아서 가격경쟁이 심한 농기구 업체
- 입지가 나쁘고 별다른 특징이 없는 이류 백화점

아무리 저렴해도 경영자원이 형편없는 회사, 특히 비즈니스 면에서 강점이나 매력을 잃은 회사는 결코 사서는 안 된다. 이런 회사는 아무리 우수한 경영자가 재기를 시도해도 부활할 가능성이 낮으므로 섣불리 기대를 품어서는 안 된다. 버핏은 이 교훈을 "혹독한 대가를 지불하고 겨우 깨달았다"고 고백한다.

경영자원이 월등한 회사의 일시적 위기,
그때가 절호의 투자기회

반대로 우수한 경영자원을 보유하고 있지만 경영자가 무능할 때는 어떨까? 이 경우에도 일시적으로는 실적이 정체될 가능성이 있다. 하지만 '멍청이가 경영해도 끄떡없을'만큼 우수한 경영자원(사업기반)이 있는 회사라면 꾸준히 이익을 지속적으로 올릴 수 있으며, 유능한 경영자로 교체되면 얼마든지 부활할 수 있다.

예컨대 1970년대 코카콜라가 실적이 정체된 시기가 있었다. 당시 코카콜라는 보틀러 회사(코카콜라 사에서 사온 원액으로 청량음료를 만들어 병에 넣어 판매하는 회사)와 갈등을 겪기도 하고, 미닛메이드(과즙주스 브랜드)의 과수원에서 고용한 이주노동자에 대한 부당한 처우 때문에 소송에 휘말렸다. 또한 일회용품 사용으로 환경보호단체의 공격을 받기도 하고, 미국 연방거래위원회에서 배타적인 프랜차이즈 시스템이 독점금지법 위반이라며 고발했으며, 해외사업에도 차질이 생기는 등 여러 문제들이 잇달았다.

이런 꽉 막힌 상황을 타계하고자 당시 회장이며 최고 경영책임자였던 폴 오스틴Paul Austin은 자사의 풍부한 자금을 이용하여 정수사업, 새우양식, 와이너리Winery, 포도주 양조장 매수 등 열정적으로 경영의 다각화를 꾀하기 시작했다. 하지만 이런 노력들은 모두 본업과는 전혀 관계가 없는 분야인데다, 수익성도 본업보다 현저하게 떨어져서 '맥락 없는 다각화'라는 비판을 받았다. 폴 오스턴의 '맥락 없는 다각화'는 실패로 끝나고 코카콜라의 경영혼란은 더욱 심각해졌다.

그런데 1980년에 최고 경영책임자가 로베르토 고이주에타 Roberto Giozueta로 바뀌면서 흐름이 달라지기 시작했다. 고이주에타는 취임 후 곧바로 상급관리직 직원 50명을 소집하여 회의를 열어 "현재 우리 회사의 어디가 어떻게 잘못되었는지를 하나도 빠짐없이 말해 달라"고 호소했다. 현장 책임자들의 목소리를 귀담아 들은 고이주에타는 '1980년 전략'이라는 경영전략을 세웠다. 충분한 수익을 내지 못하는 사업은 정리하고, 수익성이 높은 본업에 집중하겠다는 방침을 명확하게 제시하고, 주주에게도 "앞으로 10년 동안 우리는 주주를 위해 일하고, 회사를 성장시키며, 주주가 충분한 투자수익을 얻을 수 있도록 하겠다"고 선언했다. 그 성과는 1983년경부터 나타나기 시작해 높은 성장세를 보여주기 시작했다. 1987년까지 주가는 약 3배 가까이 상승했다.

버핏이 코카콜라의 주식을 대량으로 매수한 것은 그 이후이다. 1987년 10월에 블랙먼데이라고 부르는 증시대폭락이 일어나 주가가 이전 상태로 회복되지 못한 1988년부터, 버핏은 코카콜라의 주식을 맹렬하게 사들였다. 코카콜라의 PER은 15배 정도로 당시 시장평균 12배보다 약간 높은 수준이었다. 하지만 그 후 10년 만에 배당을 포함하여 10배 이상이라는 높은 수치를 보여주었고, 그 후에도 높은 수익을 주주들에게 안겨주었다. 코카콜라는 거듭된 불운과 경영자의 잘못된 판단으로 경영부진에 빠졌던 때에도, 코카콜라 제품 자체는 변함없이 평균 이상의 수익성을 발휘했다. 그러다 우수한 경영자를 만나면서 극적으로 부활한 것이다. 이 과정에서 절호의 투자기회가 발생했다.

이처럼 '독점적 지위'라는 중요한 경영자원을 보유한 회사는 경영실패로 일시적인 정체에 빠질 수는 있지만, 우수한 경영자가 경영을 맡으면 본래의 강점을 발휘하여 충분히 부활할 수 있다. 따라서 '독점적 지위'를 가지고 있지만 정체된 기업의 경영자가 교체된 시점은 절호의 투자기회일 가능성이 크다. 새로운 경영자의 개혁이 궤도에 오르기 시작했음을 확인한 후에 매수해도 큰 수익을 얻게 된 사례가 많다.

유능한 경영자를
구분하는 핵심

버핏은 기업이 '우수한 경영자원'을 갖추고 있고 '유능한 경영자'라는 조건이 더해졌을 때 투자를 한다. 그렇다면 '유능한 경영자'의 조건은 무엇일까? 버핏이 생각하는 유능한 경영자는 합리적인 경영판단과 투자가를 대하는 성실한 태도를 겸비한 사람으로 피셔가 꼽은 유능한 경영자 항목과 거의 일치한다.

구체적으로는 회사의 경영자원, 특히 그 회사의 강점을 파악하고 그것을 충분히 활용하여 경영한다. 그 결과 수익을 확대하여 ROE나 매출영업이익률 등을 높이는 경영자다. 또한 자본을 유효하게 활용할 수 없는 상황이라면 자사주 매수나 배당 등으로 주주에게 자금을 환원하고 스톡옵션 등을 남발하지 않는 경영자다.

반면에 무능력한 경영자란 그 회사의 강점과는 상관없는 분야로 무분별한 다각화를 꾀한다. 혹은 자금과 인재 등 중요한 경영자원을 제대로 활용하지 못하여 자본효율이나 매출영업이익률을 떨어뜨리는 경영자다. 여기에 스톡옵션을 남발하여 주식가치를 아무렇기 않게 훼손하고, 어떤 문제가 발생했을 때 덮는데 급급하여 오히려 더 악화시키는 경영자다.

워런 버핏의
매수·매도 타이밍

워런 버핏의 투자기간과 타이밍에 대해 살펴보자. 버핏은 투자의 절반 정도는 영구보유, 나머지 절반 정도는 몇 년간 보유하는 단기 보유종목으로 분류한다. 영구보유란 문자 그대로 '한 번 사면 팔지 않는' 투자방식이다. 경영자원이 우수하고 수익성이 좋아서 성장이 반영구적으로 이어질 법한 회사는 영구보유 형태로 투자한다.

꽤 괜찮은 회사지만 영구보유할 자신이 없다면 가격이 많이 떨어졌을 때 사서 몇 년 보유한 후에 매도한다. 빠르면 2년, 길어도 10년으로 평균 보유기간은 5년 정도이다. 대개 영구보유 종목은 PER 15~20배, 몇 년간 보유종목은 10배 전후나 그 이하에서 매수해왔다. 영구든 몇 년간 보유든 PER이 20배가 넘을 때 매수하는 사례는 드물다.

영구보유 종목은 당연히 매도 타이밍이 없다. 단기 보유종목
은 다음의 시점에서 매도할 때가 많은 듯하다.

- PER에서 상대적으로 저렴하다는 느낌이 사라진다.
- 성장성이 둔화된다.

이 방법으로 대부분 1.5배에서 몇 배 정도의 수익을 얻었지
만 드물게 2~3년 보유한 후에 조금씩 손실이 나서 매도한 사례
도 있다. 또한 전체 자금 관리차원에서 항상 어느 정도의 현금은
보유하여 증시나 경기 상황에 따라 그 비율을 높이기도 한다. 현
금비율은 기본적으로 매력적인 주식이 얼마나 있는지에 따라 결
정된다. 우량기업의 주식들이 줄줄이 PER 30배 전후가 되거나,
그 이상으로 높아져 투자대상으로서 매력을 상실한 국면에서는
현금비율을 올린다. 그리고 다음과 같은 시기에는 현금비율을 꽤
많이 늘렸다.

- 시장평균 PER이 20배 정도가 된다.
- 주식시장의 시가총액이 GDP를 넘는다.
- 중앙은행이 금리를 인상하기 시작한다.

주식시장의 시가총액이 GDP의 몇 배인지를 나타내는 '버핏

지표'가 1배를 넘으면 증시가 꼭대기에 가까워졌다는 신호로 생각한다. 또한 미국의 FRB, 일본의 일본은행BOJ이 정책금리를 올리는 금리인상을 단행하면, 전체 증시가 크게 조정을 받을 때가 많다. 버핏은 이 시기에는 몸을 사리며 현금비율을 높인다.

워런 버핏 인생에서 가장 길었던 3년

워런 버핏의 과거 움직임을 되돌아보면 주식시장 폭락 1~2년 전에 현금비율을 최대한 높여, 실제로 주가가 폭락했을 때 대량으로 매수하는 방법을 반복했다. 예를 들면 버핏은 1969년에 13년 동안 운용했던 펀드를 해지했다. 이 시기는 독점적 지위를 가진 우량기업 주가가 모두 PER이 30 이상으로 상승해서 더는 매력적인 투자대상이 아니라고 판단했기 때문이다.

워런 버핏은 이때 자산의 상당 부분을 현금화하여 무려 3년 동안이나 끈기 있게 기회를 기다렸다고 한다. 이 기간은 주식시장이 상승을 거듭하고 있었는데, "다른 투자가들이 돈을 벌어들일 동안 팔짱을 끼고 구경하고 있었다"고 말하며 이 3년을 "인생에서 가장 길었던 시간"이라고 회고한다. 과열증시는 1973년 초에 절정에 달했다. 석유가격은 급등하고, 금리가 5%에서 10%로 치솟았으며 그 뒤 주가는 급락하였다. 다우 평균주가는 이 시점부터 1년 반 만에 45%나 떨어졌다. 이때 버핏은 독점적 지위를 가진 초우량기업의 주식을 사들여 현재 버크셔의 기반을 마련했다.

2007년에도 버크서는 현금보유고를 370억 달러로 늘렸는데, 당시로서는 사상최고의 액수였다. 마찬가지로 매력적인 투자대상이 사라졌다는 것이 가장 큰 이유겠지만, 버핏지표가 1배를 넘고 금리인상이 개시되었다는 배경도 주목해야 한다. 그 후 주가는 급락을 거듭하여 2008년 가을에는 리먼사태가 발생했다. 이 시기에도 버핏은 제너럴일렉트로닉과 골드먼삭스 등 미국을 대표하는 우량기업의 주식을 사들였다.

증시동향을 판단하기란 쉽지 않은 일이다. 버핏도 경기와 주식시장의 동향은 예측하기 힘들다고 말한다. 하지만 매력적인 종목이 사라지면 현금비율을 높여 절호의 기회가 올 때까지 기다리는 자세도 필요하다. 그것이 결국 증시의 큰 흐름을 정확하게 잡아내는 비결이었던 것이다.

워런 버핏의
업종별 공략법

워런 버핏이 주로 매수했던 업종을 구체적으로 들어 설명하겠다. 앞에서 나열한 특징을 갖춘 회사를 살펴보면 전체적으로 스톡형 비즈니스라 할 수 있는 업종이 많다. 스톡형 비즈니스는 일단 고객을 확보하면 그 고객으로부터 정기적으로 수익이 발생한다. 그리고 고객의 증가와 더불어 안정적으로 수익이 확대되어가는 비즈니스다. 경기변동에 크게 좌우되지 않고 안정된 이익 성장을 도모할 수 있다는 특징이 있다. 이러한 점을 염두에 두고

읽길 바란다.

보험업

보험업은 워런 버핏이 가장 선호하고 투자금액도 큰 업종이
다. 보험업의 장점은 전형적인 스톡형 비즈니스라는 것이다. 한
번 고객을 획득하면 정기적으로 보험료가 자동이체되어 들어온
다. 하지만 큰 자본이 필요하며 인허가를 받는 과정도 까다롭기
때문에 손쉽게 진입할 수 있는 사업이 아니다. 하지만 그런 만큼
일단 탄탄한 구조와 업계 내에서 위치를 잘 구축한다면 지속성
이 높은 사업이다.

보험업은 일반 투자가가 알 수 없는 부분이 많다. 그래도 일
반 보험가입자의 시각에서 볼 때 참신한 비즈니스 모델이나 독
자적인 강점을 구축하고 있는 회사가 있다면 좋은 투자대상이
될 수 있을 것이다. 예를 들어 버핏이 투자한 가이코GEICO라는 보
험회사는 대리점을 거치지 않고 우편 등으로 직접 보험계약을 체
결하는 형태이다. 이들은 기존 업체를 위협하는 비즈니스 모델을
내세워 보험료의 가격파괴를 실현하여 성장했다.

일본에서도 판매 대리점을 통하지 않고 인터넷 완결형의 저
비용 운영을 추구하는 '라이프넷 생명ライフネット生命'이나 애완동물
보험인 '애니콤 손해보험アニコム損害保険' 등 기발한 보험회사가 여러
곳 생겼다. 이런 신흥세력은 반드시 성공한다고 약속할 수는 없
다. 하지만 일정 수준의 구조와 고객을 갖출 수 있다면, 향후 안

정된 수익을 보장받을 수 있는 우량기업이 될 가능성이 있다. 그렇게 되면 큰 폭의 주가상승도 기대할 수 있다.

보험 판매 대리점에도 새로운 비즈니스 모델을 내세운 신흥세력이 등장하고 있다. 인터넷이나 콜센터를 통하여 저비용 운영을 추구하는 회사와 쇼핑몰 등에 점포를 내어 재무설계사가 여러 보험회사의 보험 중 좋은 상품만을 조합하여 제안하는 방식이다. 종전의 방식과 비교할 때 독창적이면서도 합리적인 경영을 하는 회사들이 여기에 해당한다.

이런 판매 대리점 또한 일반적으로는 계약을 체결할 때 수수료를 받고 끝나는 방식이 아니라, 계약기간 중 연속적으로 수수료가 들어오는 비즈니스 모델로 변화되고 있다. 이 역시 스톡형 비즈니스라고 할 수 있다. 일정한 형태의 비즈니스 모델을 확립하여 어느 수준만큼 고객을 확보하면 안정된 수익성을 실현할 수 있다. 개인적으로도 이러한 보험업계 신흥세력의 움직임을 주시해야 한다고 생각한다.

은행

은행 또한 워런 버핏이 선호하는 업종으로 실제로도 여러 곳에 투자를 하고 있다. 버핏에 따르면 은행의 규모에 관계없이 자산(주로 대출채권), 부채(주로 예금), 비용 등을 체계적으로 관리한다면 다른 수많은 업종의 평균수익보다 쉽게 이익을 얻을 수 있다. 그러므로 ROE 20% 정도의 높은 자본효율을 실현할 수 있는 사업이라고 할 수 있다.

양호한 재무체질을 유지하여 예금자의 신뢰와 확실한 브랜드파워를 확립한다면 양질의 예금을 대량으로 끌어들일 수 있다. 여기에 양질의 투자처를 다수 개척한다면 안정된 자금운용이 가능하다. 이런 식의 안정된 조달과 운용으로 차곡차곡 이자수익을 올리는 것이다. 버핏은 금융업을 수익이 안정된 전형적인 사업이라고 보고 있다.

하지만 은행은 일반적으로 자기자본의 10배 정도의 부채를 떠안는(자기자본비율 10% 전후) 사업이다. 그러므로 부실한 경영을 해온 은행이라면 금융위기가 닥쳤을 때 한순간에 경영위기에 빠질 위험도 있으므로, 그런 의미에서 경영자의 역량이 큰 비중을 차지하는 사업이기도 하다. 건전한 경영으로 자산·부채·비용 관리를 철저하게 한 은행이라면 장기투자 대상이 될 수 있을 것이다. 그러나 일반 개인투자가들이 자산·부채·비용 관리와 경영의 질을 파악하기는 어려우므로 투자하기에는 난이도가 높은 업종일 수도 있다.

워런 버핏은 1990년에 미국의 부동산 경기가 불황에 빠졌을 때, 부동산 담보대출이 상환되지 않아 경영위기에 빠진 웰즈파고 은행을 사들였다. 리먼사태 때에는 자금회전에 어려움을 겪던 골드먼삭스에 대량투자를 하는 등 경영위기적인 상황에 빠져 주가가 급락할 때 대량매수하여 큰 성공을 거두었다. 이렇게 버핏처럼 금융위기 상황에 은행주를 사서 후에 은행이 부활하면 비싼 값에 팔아 큰 수익을 얻을 수도 있겠지만, 이는 난이도가 아주 높은 투자방식이다. 해당 은행이 위기를 타계할 수 있을지를 판단하려면 은행경영에 대한 깊이 있는 지식이 있어야 하는데, 없다면 불가능하기 때문이다.

철도

워런 버핏은 철도회사에도 투자를 해왔다. 2009년 11월에 화물철도 벌링턴 노던 산타페BNSF에 2,600억 달러, 우리 돈으로 약 26조 원이라는 막대한 자금을 영구보유 방침으로 투자하여 버크셔 자회사로 만들었다. 철도회사는 사업이 단조로워서 성장성과도 거리가 먼 것 같이 보이지만, 수익성 높은 노선을 보유하면 경영과 실적에서 대단히 안정적이다. 철도는 한 번 개통하면 같은 구간에 새로운 철도가 또다시 개통되는 일은 결코 없기 때문이다. 사람과 물건의 왕래가 빈번한 노선을 확보한다면 독점적인 사업이 될 수 있다. 이렇게 지역에서 독점상태가 되는 것을 지역독점이라고 한다.

일본에서는 황금노선을 차지하고 있는 도시교통철도 회사를 비롯해 수많은 철도회사가 상장되어 있으며, 높은 수익성과 안정성을 발휘하고 있다. 대표적인 예가 도시권의 대동맥을 장악하고 있는 JR동일본으로, 이 회사는 2004년부터 2014년까지 10년 동안 경상이익이 1.7배로 증가했다. 안정된 철도사업에 더해 역사를 이용한 상업부문과 전자머니 '스이카' 등의 부수사업이 호조를 보이며 확대되고 있기 때문이다.

생활용품 · 식품 · 의료품 · 가구 업체

생활용품 · 식품 · 의료품 · 가구 업체는 일반적으로 경쟁이 치열한 업계다. 그래서 독점적 지위를 구축하기가 쉽지 않다. 하지만 소비자의 눈높이에서 주의 깊게 관찰하면 독점적이라 할 만한 지위를 가진 회사를 발견할 수 있다. 실제로 버핏은 이들 업종에서 다수의 투자대상을 찾아냈다.

대표적인 종목은 앞서 소개한 면도기 회사 질레트이다. 질레트는 현재 P&G가 매수하였다. 버크셔는 질레트 주식과 P&G주식을 인계해 P&G주식을 보유하고 있는데, 이는 여전히 주요 보유주 가운데 하나이다. P&G는 질레트 외에도 세제 아리엘, 전기면도기와 전동칫솔로 유명한 브라운, 액상치약 오랄비, 섬유유연제 다우니, 종이기저귀 팜파스 등 소비자들이 즐겨 찾는 유명한 브랜드를 다수 보유하고 있다.

버크셔 사는 이외에도 나이키NIKE(신발업체), 존슨&존슨Johnson &Johnson(반창고, 리스테린, 해열진통제 타이레놀), 크래프트 푸드Kraft Foods(크래프트 치즈, 나비스코, 오레오 과자 등을 제조하는 당시 세계 2위의 식품업체), 코카콜라Coca-Cola, 펩시코PepsiCo(펩시콜라), 앤호이저부시Anheuser-Busch(버드와이저 맥주), 허쉬푸드Hershey Foods(초콜릿) 등 친숙한 소비관련주에 투자해왔다. 이 회사들은 미국인들은 물론 일본인들에게도 친숙하다.

일본도 이에 필적할만한 독자적인 강점과 강력한 브랜드파워를 기반으로 국내에서 탄탄한 영업기반을 구축하고 있어 전 세계적으로도 매출을 신장시킬 저력의 회사들이 있는지 생각해 보자. 그래서 '버핏이라면 이런 주식을 사지 않을까?'를 염두에 두고 한번 찾아보았다. 이 관점에서 유니참Unicharm, 야쿠르트Yakult 본사, 이토엔Itoen, 키코만Kikkoman 등이 여기에 해당되지 않을까 생각한다.

유니참은 종이기저귀와 생리용품 등 흡수시트를 사용한 제품업체이다. 고품질·고기능 제품을 꾸준히 출시하여 소비자들 사이에 신뢰도가 높은 브랜드 이미지가 확립되어 있다. 아시아의 전체 소득이 상승하면서 이 회사의 고품질·고기능 종이기저귀와 생리용품 매출이 확대되고 있다.

야쿠르트 본사의 주력 상품인 야쿠르트 음료는 장을 깨끗하게 하는 정장작용이 뛰어나다. 또한 대장암 등의 예방에 효과가 있는 기능성 식품이다. 국내뿐만 아니라 외국에서도 이 음료를 즐겨 마시는 사람들이 많다. 경쟁상품이나 유사제품이 거의 전무해서 독자적인 강점을 보유하고 있다는 면에서 아주 매력적인 기업이다.

이토엔은 녹차음료업계를 이끄는 선두기업이다. 일본 국내에서는 탄탄한 반석에 올랐다고 할 수 있을 만큼의 브랜드파워와 사업기반이 있다. 게다가 일본식품과 건강식품에 대한 관심이 전 세계적으로 유행하면서 녹차음료 해외매출도 증가하는 추세다.

키코만은 간장으로 유명한 업체이지만, 놀랍게도 현재는 해외매출이 국내매출을 뛰어넘는다고 한다. 일찌감치 적극적으로 해외시장을 개척한데다가, 최근 선풍적으로 분 일본식품 인기의 혜택을 톡톡히 누렸다. 간장은 전통적인 제조비법에 따라 각 업체별로 독자적인 풍미를 가지고 있다. 그래서 일단 소비자 입맛에 익숙해지면 바꾸기가 힘들므로 안정적인 사업기반을 구축할 수 있다.

앞에서 설명한 기업들은 2014년 말 시점에서는 PER이 상당히 높아져 저렴한 상태가 아니다.

음식점

음식점 체인도 소비자의 판단력을 유리하게 활용할 수 있는 업종이다. 일단 강력한 비즈니스 모델을 확립하면 이를 바탕으로 체인사업으로 전개하여 국내는 물론 해외로까지 확대할 수 있다. 그런 의미에서 비교적 성장성을 예측하기 쉬운 업종이라 할 수 있다.

버핏은 얌브랜드Yum! Brands와 맥도날드에 투자하여 막대한 이익을 얻었다. 얌브랜드는 피자헛, 켄터키후라이드 치킨 등 일본에서도 친숙한 브랜드를 보유한 회사다. 버핏은 2000년에 투자를 시작했는데, 2014년 현재는 주가가 10배나 상승했다.

한편 음식점과 소매점에 대한 투자는 다음 장에서 소개하는 피터 린치가 전문으로 꼽는 분야이기로 하므로 다시 자세하게 소개하겠다.

소매점

버핏은 소매주에 대한 투자는 서툴다고 한다. 유행과 쇠퇴의 사이클이 급격하고, 장기적으로 독점적 지위를 유지할 수 있을지 판단하기 힘들기 때문이라는 게 그 이유다. 어쩌면 소매점은 일반 투자자의 입장에서 유행과 쇠퇴를 판단하기가 쉽고, 몇 년 정도로 투자기간을 제한한다고 할 때 '알기 쉬운 투자대상'이 될 수도 있다. 하지만 영구보유를 중심 전략으로 하는 버핏의 관점에서 본다면 '알 수 없는=장기전망을 예측하기 힘든 종목'이 된다.

그럼에도 버핏은 몇몇 소매주에 투자하여 성공을 거두기도 했다. 월등하게 효율적인 업무체계(제품진열, 재고관리, 매장출점, 물류 등)와 강력한 브랜드파워를 구비하여 소비자에게 압도적인 지지를 얻고 있는 기업이 대상이었다. 대표적인 예가 월마트와 코스트코이다. 월마트는 압도적인 효율성과 규모의 우위성을 갖춘 저가격, 제품진열, 브랜드파워 등으로 세계 최대의 슈퍼마켓이 되었다. 코스트코는 창고형 매장으로 효율성을 높인 대규모 매장운영이 강점이다. 고품질의 브랜드 제품, 알코올류, 식료품을 할인가격으로 대량취급한다는 특징이 있다. 고급와인 판매량으로는 세계 1위라고 한다. 가전제품, 식품잡화, 타이어, 의류, 화장품 등 취급제품 폭이 넓다는 점도 인기다.

일본에서도 독자적이고 독창적인 소매기업이 성장하고 있다. 각종 편의점들과 무인양품無印良品 등은 일본에서 시작된 독창적인 업종형태로, 세계적으로도 순조롭게 확대 중이다. 특히 편의점은 효율적인 작은 점포망에 큰 가능성이 잠재되어 있다는 점이 일본에서 이미 검증되었다. 세계시장에서도 이런 강점을 내세워 순조롭게 확장 중이므로 앞으로가 기대된다.

캐릭터콘텐츠 사업

캐릭터나 이와 관련된 영화, 만화 같은 콘텐츠를 제작하는 사업도 소비자가 파악하기 쉬운 업종이다. 인기의 부침이 심해서 장기적인 전망을 예측하기 힘든 면도 있지만, 버핏이 일찌감치 투자한 월트디즈니 등은 전 세계 사람들에게 영구적이라고 해도 좋을 만한 인기를 누리고 있다. 월트디즈니와 어깨를 나란히 할 수 있는 회사는 거의 없다. 하지만 일본에는 산리오와 닌텐도를 비롯해 캐릭터&콘텐츠 비즈니스를 주력으로 하는 회사가 비교적 많아서 대중적인 인기와 더불어 주가가 크게 상승하는 사례를 종종 볼 수 있다.

최근에는 애니메이션 〈요괴워치〉가 아이들 사이에서 유행하여 그와 관련된 주식이 대량매매되었다. 인기가 얼마나 지속될지는 알 수 없지만 캐릭터 관련 사업에서 가끔 절호의 투자기회가 찾아온다는 사실은 확실하다.

신용카드

신용카드 회사도 워런 버핏이 선호하는 투자업종이다. 앞에서 소개한 아메리칸 익스프레스가 그 대표적인 예로, 지금도 버크셔의 포트폴리오에서 주요 종목으로 자리를 차지하고 있다. 이외에 마스터카드에도 투자하고 있다. 신용카드 사업의 매력에 관한 내용은 앞에서 기술했듯이 신규참여가 매우 힘들어서 전 세계적으로 몇 개의 회사가 과점한 상태라는 것이다. 또한 세계 경제의 성장과 더불어 그 수요가 증가하는 추세에 있어, 과점 상태인 소수의 회사가 그 수요를 충족할 가능성이 크다.

IT서비스

IT서비스는 업무체계의 구축, 운용, 점검유지 등을 말한다. 이런 업체를 가리켜 시스템 통합업체라고 한다. 시스템 통합업체는 기업의 업무내용을 정확하게 파악하여 그것이 효율적이고 정확하게 수행할 수 있도록 컴퓨터시스템화 한다. 컴퓨터시스템을 완성해두면 다음에는 그것을 운용하고 점검·유지한다.

기업 또한 업체를 선택해 이런 작업을 의뢰하면 다른 업체로 쉽게 바꾸지 않는다. 업무내용을 컨설팅하여 시스템을 처음부터 다시 만드는 작업은 시간과 비용 부담이 크기 때문이다. 따라서 IT서비스는 전형적인 스톡서비스이며, 안정적으로 실적을 증대시킬 수 있다. IT업계는 하드웨어 회사와 소프트웨어 회사로 나눌 수 있는데, 이 두 업종 모두 기술적인 변화가 극심하다. 하지만 시스템 통합업체의 업무는 이 변화하는 기술을 받아들여 서비스를 제공하는 것이다.

버핏은 오랫동안 "첨단기술주는 어렵다"고 말하며 전혀 투자를 하지 않았다. 첨단기술주는 기술경쟁이나 변화가 격심하고 불과 몇 년 사이 업계지도가 완전히 뒤바뀔 위험이 있기 때문이다. 물론 마이크로소프트, 인텔, 애플처럼 크게 성공하면 수십 배, 수백 배로 성장하기도 한다. 하지만 현재의 거대한 1등 기업이 몇 년 후에는 신흥세력의 공격을 받아 맥없이 쓰러지는 일도 다반사다. 확실히 코카콜라나 디즈니처럼 안정된 전망은 기대할 수 없다. 버핏은 화려한 성장보다는 안정적이고 착실한 성장을 선호한다.

그래서 버핏이 2011년에 IBM주식을 대량 매입했을 때, 주식시장 관계자들은 무척 놀라워했다. 하지만 다 이유가 있었다. 이 당시 IBM은 이전 주력 사업이었던 대형 컴퓨터와 노트북 등의 하드웨어 사업을 매각하고, IT서비스 기업으로 전환 중이었다. 게다가 이 업계에서 IBM은 압도적인 기술력과 규모를 자랑하는 세계 최고의 기업으로 세계경제 성장을 착실하게 반영하는 위치로 자리 잡았다. 그야말로 전형적인 버핏 종목으로 변모한 것이다.

일본 국내에서는 히타치제작소日立製作所. 일본의 전기·전자기기 제조업체, 후지츠富士通. 일본의 컴퓨터 업체, NEC NEC Corporation. 일본의 통신·전자기기 통합회사 등이 시스템 통합업체로서 강점을 발휘하고 있다. 이 기업들은 컴퓨터와 전기기기 등 하드웨어 사업에서는 오랜 기간 고전을 해왔지만, IT서비스 분야에서는 성공적으로 입지를 구축하고 있다. 전문 시스템 통합업체로는 NTT데이터일본의 시스템통합기업, 노무라 종합연구소野村總研, 일본의 민간 싱크탱크 등이 대표적 기업이다.

업무를 IT화하고 시스템화하는 작업은 해당 업무의 효율화와 일맥상통한다. 사회적으로도 행정서비스나 의료 분야 등에서의 업무 효율화를 통한 비용절감을 요구하고 있다. 예를 들어 전자진료차트 등 병원의 IT화는 더욱 확산되어 갈 것이다. 이런 가운데에서 크게 성장하는 회사도 분명 나올 것이다.

이외에도 다양한 분야에서 시스템 통합업체와 소프트웨어 회사가 성장할 수 있는 기회가 더욱 많아질 것으로 기대된다. 시스템 통합업계에는 전반적인 시스템 구축을 책임지는 원청기업과 그 업무 가운데 일부를 수주 받는 하청기업이 있다. 이런 구조에서 강점을 발휘하려면 원청기업은 전반적인 시스템 운용을 책임지고, 하청기업은 독자적인 기술과 노하우를 보유해야 한다. 하지만 일반적으로 특색 없는 하청기업은 투자매력이 없다.

매스컴

워런 버핏은 다수의 매스컴주에도 투자하고 있다. 매스컴방송. 출판. 광고대행업체은 수많은 정보와 콘텐츠를 수집하여 그것을 불특정 다수의 사람들에게 전달하는 구조로 정보와 콘텐츠가 대중들에게 유통되도록 매개 역할을 하는 회사이다. 일단 수많은 정보와 콘텐츠를 수집하여 다수의 시청자, 독자들에게 전달하는 매체로서의 구조를 구축하면 그 자체가 엄청난 가치를 지니게 된다.

버핏은 방송 관련주로는 미국의 3대 네트워크 중 하나인 ABC 방송국이 있다. ABC의 주가가 급락한 시점에 매수하여 2배 정도로 오른 시점에서 매각한 적이 있다. 전국 네트워크인 TV 방송국은 국가에서 전파를 할당받아 독점적인 형태로 사업을 한다. 최근에는 인터넷을 통한 콘텐츠 방송이나 케이블TV 등도 등장하여 독점적인 지위가 약간 퇴색하고 있는 상황이다. 하지만 그럼에도 전국적인 네트워크에서 정보를 수집하여 시청자에게 전달하는 매체로서의 중요성은 여전하다. 특히 CM^{commercial}을 내보내는 매체로서도 여전히 압도적인 가치가 있다.

일본에서도 일본TV, TBS, 후지TV, TV아사히, TV도쿄 등 전국 네트워크의 방송국이 상장되어 있다. 더불어 지방방송국 주식도 상장되어 있다. 지방방송국도 해당 지역에서 영향력 있는 매체로 자리 잡고 있다면, 어느 정도는 투자할 가치가 있다고 볼 수 있다.

버핏은 케이블TV와 위성방송 주식도 매수해왔다. 이런 곳은 전국 네트워크를 보유한 방송국만큼 독점적인 지위가 없다. 하지만 일정 지역이나 스포츠, 영화, 뉴스 등 특정 분야를 즐기는 시청자를 확보하고 있는 사례가 많아서, 좁은 범위여도 나름의 독점적 지위를 구축하고 있다고 판단하기 때문에 주식을 매수한 것으로 보인다. 또한 케이블TV와 위성방송은 유료서비스로 계약자가

매월 일정 금액을 지불하는 형태의 비즈니스모델이다. 그런 의미에서 고객이 증가할수록 안정적인 수입이 늘어나는 스톡형 비즈니스이기도 하다. 일본에서는 위성 방송국인 와우와우WOWOW와 스카파スカパー, 케이블 채널등이 이런 비즈니스모델에 해당한다.

워런 버핏은 지방지(지방신문) 주식도 꾸준히 매수해왔다. 지방지라고 하면 어딘가 소박한 인상이 있는데, 실제로도 규모가 작고 단조로운 사업이다. 하지만 각 지방에서 독점적인 성격을 띤다. 지방에 한정된 광고를 낼 때는 반드시 지방지를 선택해야 하기 때문이다. 또한 워런 버핏은 광고나 CM 자체에 흥미가 많다. 기업 활동에서 광고와 선전활동은 필수적이므로, 전국이나 지역에서 광고매체로서 중요한 역할을 하는 기업에는 독점적인 지위가 있다고 판단하는 듯하다. 그런 의미에서 기업과 다양한 광고매체의 중개역할을 하는 광고대행업체, 그중에서도 독점적인 지위가 있는 대형 광고대행업체에 각별한 관심을 보였다. 1973년에는 당시 세계 1위였던 광고대행업체 인터퍼블릭IPG 그룹을 매수하기도 했다.

앞에서 언급한 것처럼 정보 매개체로서의 구조를 일단 구축하면 독점적 지위를 가지게 된다. 그러므로 버핏 종목이 될 가능성이 커진다. TV방송국이나 신문 이외에도 최근에는 인터넷 포털 사이트나 전문사이트가 이런 역할을 담당하고 있다. 야후 같은 포털 사이트는 만 명이 모이는 장소와 같은 기능을 한다. 또한 특정 분야에 흥미가 있는 사람들을 위한 전문적인 사이트 등도 해당 분야에서는 독점적 지위를 보유하고 있다고 할 수 있다. 더불어 이 분야의 제품광고, 구인광고 등의 사업도 유망하다고 할 수 있다.

의료서비스, 의약품

워런 버핏은 과거에 세계적 규모의 대형 의약품업체에도 수시로 투자해왔다. 세계적 대형의약품업체는 다음과 같은 강점이 있다.

- 획기적인 신약을 보유하고 있다.

- 획기적인 신약 후보를 보유하고 있다.

- 신약개발을 위한 기술력과 노하우, 우수한 인재를 갖추고 있다.

- 거액의 연구개발비를 감당할 수 있는 재무력을 갖추고 있다.

- 전 세계 병원으로의 판매망과 강력한 브랜드파워를 보유하고 있다.

이런 기업은 세계적으로도 손꼽을 정도로 소수의 대형업체가 업계를 좌지우지한다는 특징이 있다. 벤처기업 등이 획기적인 신약개발을 위한 시약을 만들어내도, 그것을 실제로 제품화하여 판매할 수 있는 자금력이나 판매망 등이 뒷받침되지 못하는 사례가 많다. 그래서 대부분의 경우 대형 의약품업체와 제휴하는 형태가 된다. 이렇게 해서 대형 의약품업체도 신약으로 막대한 수익을 얻게 되는 것이다. 또한 신흥국이 경제성장으로 생활수준이 높아지면서 의약품에 대한 수요도 더욱 높아질 것으로 보인다. 그런 의미에서도 전망이 밝은 업종이라고 할 수 있다.

버핏은 1993년 미국이 약가 인하정책을 단행하여 그 충격으로 의약품업체의 주식이 시장에 쏟아져 나올 때, 대형 의약품업체 주식을 매수했다. 전 세계적으로 볼 때도 의약품 자체의 중요성에는 변함이 없을 것이며, 대형 의약품업체의 경영상태가 장기적으로 볼 때 안정적이라고 판단했기 때문이다.

일반투자가에게는 의약품의 품질이나 의약품업체의 개발력 등은 평가하기 어려운 면이 있다. 하지만 이 분야에 지식이나 흥미가 있는 사람은 투자대상으로 연구해볼 가치가 있다고 생각한다. 또한 의료기기업체, 의료기구업체 등도 의약품업체와 거의 동일하게 생각해볼 수 있다. 업계 전체의 성장성이 예상되고 그 중에서도 기술력, 자금력, 판매망 등에서 업계를 뒤흔들 수 있는 대형업체는 어마어마한 강점이 있다.

의료기기업체로는 미국의 제너럴일렉트릭이 세계 최고이지만, 일본에서도 도시바Toshiba Corporation나 히타치제작소 등도 나름의 존재감을 발휘한다. 특정 분야 중 내시경 분야에서는 전 세계 시장 60%를 장악한 올림푸스가 있다. 또한 카테터Catheter, 도관 분야로 세계적으로 높은 점유율을 차지하고 있는 테루모Terumo, 일본의 의료장비 기업 등도 주목할 만하다.

에너지, 자원주

워런 버핏은 석유메이저라고 하는 유전 채굴권을 다수 보유한 회사나 철광석 광산을 소유한 회사 등 에너지·자원주도 가끔 매수한다. 이런 자원주의 가치는 보유하고 있는 유전이나 광선에서 얼마나 안정적으로 채굴할 수 있는지, 앞으로 얼마나 채굴할 수 있는지, 이들의 가격전망은 어떤지 등에 따라 결정된다. 매장량이 풍부하고, 안정적으로 채굴이 가능하며, 수요와 가격 전망이 양호하다면 회사의 수익성도 기대할 수 있다.

하지만 일반투자가가 이 분야에서 이런 판단을 하기에는 어려운 면이 있다. 버핏은 1980년 초반에 미국 중앙은행에 해당하는 FRB가 인프라 대책으로 금리를 대폭 인상하여 경기와 주가가 침체되었을 때, '경기와 상관없이 기업과 개인은 석유는 계속 사용한다'고 판단했다. 그리고 세계적인 석유 메이저인 엑손(현 엑손모빌, ExxonMobil)주를 PER 7배라는 싼 가격에 구입했다.

2006~2007년에는 석유, 천연가스 확인 매장량과 생산량으로는 미국 3위인 코토코필립스ConocoPhillips를 PER 7배 정도에 구입했다. 2003년 4월에는 중국 주식시장이 침체된 상황에서 중국석유페트로차이나의 주식을 매수하여, 2007년 7월 즈음부터 순차적으로 매각하였다. 이때 약 80%의 수익, 우리 돈으로 환산하면 4조 원 정도의 이익을 올렸다.

버핏이 중국석유 주식을 매각할 때는 원유시장 상황이나 중국주식이 강한 상승장이었다. 이에 짐 로저스는 "버핏은 이번에 중대한 실수를 했다"고까지 말했다. 실제로 그 후에도 중국석유의 주가는 상승을 지속했다. 하지만 리먼사태 등의 영향으로 버핏이 매각한 가격의 5분의 1정도까지 떨어지고 말았다. 이는 3년 정도의 투자기간 동안 매수 타이밍과 매도 타이밍을 정확하게 잡아낸 성공사례로 손꼽힌다. 2014년 후반에는 원유가격이 1배럴에 100달러 전후에서 50달러대까지 급락하여 석유 관련 기업의 주식도 급락했지만, 버핏은 해당 종목 관련주들을 사들이기 시작했다.

피터 린치에게 배우는,
생활 속에서 텐배거를 찾는 법

소매주와 외식주는
대박주의 보고이다!

일상생활의 변화를
대박주 발견의
기회로 삼는다

1944년에 태어났다. 1980년대에 활약한 전설적인 펀드매니저로 대형 투자신탁회사 피델리티에 입사하여 당시로서는 규모가 작았던 '마젤란펀드' 운용을 담당하게 된다. 이것을 세계 최대의 펀드로 키워낸 실력자로 유명하다. 저서인 《피터 린치의 이기는 투자》는 개인투자가들의 필독서로 잘 알려져 있다.

평균 30% 지속적인 수익률로
세계 최대의 펀드로 키워내다

피터 린치는 1980년대에 크게 활약한 펀드매니저다. 1977년부터 1990년까지 그가 13년 동안 운용했던 '마젤란펀드'는 첫 해에 1,000만 원을 투자했다면 마지막 해에는 2,500만 원이 되는 실적을 올렸다. 마젤란펀드의 높은 수익률을 전해 들은 사람들의 자금이 대량으로 유입되면서 펀드 시가총액도 덩달아 상승했다. 업계 최소 규모였던 2,000만 달러 정도에서 세계 최대 규모인 약 100억 달러로 폭발적인 성장을 했다.

린치의 운용실적은 매년 안정된 고수익을 이어나갔다. 1년

단위로 실적을 살펴보면 '압도적인 실적'을 거둔 해는 없었지만 크게 잃은 해도 없었다. 이런 식으로 평균 연수익률 30%를 13년 동안 지속하여 1980년대 최고의 펀드매니저로 손꼽히게 되었다.

린치는 10세 때에 아버지가 암으로 세상을 떠나 어려운 경제 환경 속에서 성장했다. 아르바이트로 돈을 벌면서 대학과 경영대학원을 다녔고, 졸업 후에는 투자신탁회사인 피델리티에 입사했다. 이곳에서 몇 년 동안 애널리스트로 경력을 쌓은 후, 33세 때에 펀드매니저가 되어 '마젤란펀드'를 운용하기 시작했다.

그리고 마젤란펀드가 세계 최대 규모가 되자 펀드매니저로서 절정기였던 1990년, 그의 나이 46세 때에 돌연 은퇴를 선언한다. 이 당시 린치는 운용자산이 늘면서 업무량이 증가하여 거의 쉬지 못하고 일을 계속해야 하는 상태였다. 가족과 보내는 시간을 가장 중요하게 생각했던 피터 린치는 괴로워했다. 고민 끝에 후회 없는 인생을 보내기 위해 은퇴를 결심한 것이다.

물론 경제적으로 큰 성공을 거두었기 때문에 젊은 나이에 은퇴하는 일이 가능했을 것이다. 그런 면에서 부러울 따름이지만 젊은 시절부터 주식투자가 좋아서 스스로 빠져들었던 린치의 입장에서 생각할 때, 은퇴를 결정하기까지 상당한 각오가 필요했을 것이다. 린치는 자신이 좋아하는 주식투자보다도 가족과의 생활이 더욱 중요했던 것이다. 그런데 이 '가족과 보내는 시간을 소중히 생각하는 자세'에 주식투자 성공의 비결이 숨어 있다.

일상생활에서
텐배거를 찾아낸다

린치가 가장 선호하는 투자전략은 '일상생활에서 10배 수익주를 찾아내는' 것이다. '10배 수익주ten bagger, 10배 수익률 혹은 대박종목'란 린치가 대박주를 상징적으로 표현하기 위해 사용한 말로, 실제로는 5배가 될 수도 50배가 될 수도 있는 '대박주'를 가리킨다. 실제로 린치는 일상생활에서 5배, 10배 또는 그 이상의 가치를 지닌 주식을 수없이 발굴했다. 린치는 그의 저서에서 일상생활에서 찾아낸 대박주 사례를 다수 소개했다. 예를 들면 다음과 같다.

던킨도너츠 25배

월마트 1,000배

맥도날드 400배

홈데포Home Depot(미국의 가정용 건축자재 유통회사) 260배

바디샵 70배

서비스코퍼레이션(장례서비스 체인업체) 40배

GAP 25배

이외에도 장난감 가게, 이발소, 호텔체인 등 다양한 10배 수익주 사례를 열거하고 있다.

린치는 일상생활에 관련된 종목을 부인이나 세 딸과 이야기

를 나누거나 함께 보내면서 발견했다. 부인이나 딸이 좋아하게 된 옷이나 음료수 가게, 심지어 스타킹에서도 대박주의 조짐을 읽어냈다. 어마어마한 업무량에 쫓기면서도 가족과의 시간을 소중하게 여긴 덕분에 오히려 일에서 좋은 성과를 거두었다. 특히 린치는 가족과 함께 쇼핑몰에 가는 것을 좋아했다. 쇼핑몰에서 가족과의 시간을 즐기며 동시에 수많은 투자힌트를 얻었다. 린치는 "투자전략을 세울 때는 쇼핑몰을 어슬렁거리는 편이, 증권회사의 조언에 충실히 따르거나 극히 사소한 최신 정보를 얻기 위해 금융정보지를 샅샅이 뒤지는 것보다 도움이 된다"고 말한다.

린치가 말하는
외식주와 소매주의 매력

린치는 특히 외식체인과 소매업에 잠재된 성장성에 주목했다. "높은 운용능력을 지닌 외식과 소매체인점은 전국적인 판매망 확산으로 통해 연 20%의 속도로 10~15년 성장이 가능하다"고 말한다. 이는 8년이면 4배, 15년이면 15배 정도의 성장력이 되는 셈이다. 미국과 일본은 시장규모 등에서 차이가 있지만, 일본에서도 외식체인이나 소매업에 분명히 큰 성장성이 잠재되어 있다고 확신한다.

일반적으로 성장기업이라고 하면 높은 기술을 보유한 첨단 기술주를 떠올리는 사람이 많다. 실제로도 최첨단 분야에서 대박주가 자주 나오고 있다. 하지만 린치는 성장성이 높은 외식, 소매주는 "최첨단 분야의 성장기업과 비슷한 속도로 성장할 수 있으면서도 첨단기술주보다 위험은 적다"고 말했다.

첨단기술주는 기술의 변화가 급격하고, 경쟁기업이 신기술이나 신제품을 개발하면 그 영향으로 순식간에 매출이 바닥으로 떨어지기도 한다. 이에 반해 음식이나 소매는 강력한 경쟁자가 등장해도 하룻밤 사이에 모든 것이 뒤바뀌는 변화는 없다. 시간이 흐르면서 서서히 매출을 빼앗기는 패턴이다. 따라서 그 회사의 경쟁력이 없어지더라도 그 상황을 천천히 파악하면서 투자판단을 내릴 수 있다.

물론 최첨단 분야에 자신 있다면 첨단기술주에서 많은 투자기회를 발견할 수 있을 것이다. 투자가로서 자신이 보유한 강점을 적극적으로 활용하는 것은 당연하다. 하지만 최첨단 분야에 자신이 없다면, 애써 힘겹게 그 분야에 투자할 필요는 없다. 실제로 피터 린치 자신도 최첨단 분야는 어려워하며 거의 투자대상으로 삼지 않았다.

사업과 투자, 모두 자신의 강점을 살린 전략을 세워야 한다. 그런 의미에서 대다수의 개인투자가에게는 일상생활이나 취미, 일에 관련된 지식이 여기에 해당될 것이다. 이를 충분히 활용하라. 자신이 잘 아는 분야라면 그 회사의 강점이 무엇인지, 그 강점이 건재한지, 쇠퇴의 길로 접어들었는지를 모니터링하기 쉬우므로 현명한 투자판단을 내릴 수 있을 것이다.

5항목 체크로
'2분간의 훈련'을 실천한다

자신의 일상생활에서 마음에 드는 소매점이나 음식점 등을 찾았다면, 이번에는 두 번째 단계인 점검하는 절차가 필수적이다. '일상생활에서 마음에 드는 회사를 발굴한다'는 자체가 주식투자에서 성공하기 위한 중요한 과정이다. 하지만 이는 어디까지나 '우수한 후보주'를 선택하기 위한 첫 번째 단계이다. 투자가는 더 나아가 정말 좋은 종목인지를 선별하는 두 번째 점검과정을 거쳐야 한다. 구체적으로 다음 5개 항목을 확인하라.

① 성장여지가 어느 정도인가?
② 인기상품이 실적에 어느 정도 공헌하고 있는가?
③ 경쟁에서 강점은 무엇인가?
④ 실적
⑤ PER

이 5개 항목은 린치가 저서에서 열거한 내용 중 특히 중요하다고 생각되는 사항만 정리한 것이다. 이 항목을 체크하여 해당 주식의 성장 스토리를 2분 정도 이야기할 수 있는지 확인해보자. 린치는 이것을 '2분간의 훈련'이라고 말한다. 린치는 주식투자에서 무엇보다 매수하는 이유가 명확해야 한다고 말한다. 논리정연하게 2분 동안 성장 스토리를 말할 수 없다면 그 주식을 사지 말아야 한다. 이런 과정을 통해 다음과 같은 효과를 얻을 수 있다.

- 성공할 확률을 높인다.
- 실패를 감지하기 쉬워져 손절매할 기회를 포착할 수 있다.
- 성공과 실패의 원인을 파악하기 쉬워져 경험치를 쌓을 수 있다.

아무쪼록 '2분간의 훈련'을 실천해보기 바란다.

성장 가능성을 파악하는 방법

그럼 이제부터는 앞의 다섯 가지 항목에 대해 좀 더 구체적으로 살펴보자. 먼저 일상생활에서 인기상품이나 괜찮은 가게를 발견했다면 그것이 어느 정도의 성장 가능성이 있는지 살펴보아야 한다. 이를테면 소매점이나 음식점의 출점 가능성은 어느 정도일까? 이미 전국으로 가게가 확산된 상태라면 국내에서는 더이상 출점 가능성이 없다고 볼 수 있다.

반대로 가게가 극히 일부 지역에 한정되어 있으며, 앞으로 전국적으로 확대될 가능성이 있다면 성장 가능성은 막대하다. 해외까지 진출한다면 성장 가능성은 더욱 커질 것이다. 일본을 예로 들면 전국 규모의 소매점과 음식 체인점의 경우 점포 수 1,000개, 매출액 1조 원, 시가총액 1조 원을 기준으로 삼는다. 업종에 따라 다르지만 전국적으로 확대하는 데에 성공하면 일반적으로 이 정도의 수치를 보인다. 가장 성공한 사례에서는 이 기준의 2~3배, 혹은 그 이상을 나타내기도 한다.

따라서 전국적으로 확대할 가능성이 있는 소매나 음식 회사는 점포 수 200개, 매출액 2,000억 원, 여기에 주식 시가총액이 2,000억 원 정도나 그 이하의 상태이다. 이 정도라면 아직 성장 가능성이 크다고 할 수 있을 것이다.

소형주의 우위성

눈여겨본 가게나 상품이 앞으로 확대되었을 때, 이것이 그 회사의 실적에 어느 정도 영향을 줄지를 생각해볼 필요가 있다. 예를 들어 어느 음식점 체인이 크게 인기를 얻어 매출액 1조 원 규모의 사업이 되었다고 해도, 이미 매출액이 10조 원인 회사라면 그 인기는 주가에 대박이라 할 만큼의 영향은 주지 못한다. 이외에 과자, 음료, 완구, 게임, 화장품 등의 품목에서도 인기상품이 나와도 원래 매출액이 높은 대기업이라면 주가에는 크게 반영되지 않을 확률이 크다.

앞에서도 기준을 제시했듯이 회사 전체 규모가 시가총액 2,000억 원, 매출 2,000억 원 정도라면 대박주가 될 가능성이 있다. 물론 시가총액이나 매출액이 5,000억 원이든 1조 원이든 몇 배로 성장하는 주식도 있다. 따라서 지나치게 이 기준에 얽매일 필요는 없지만, 규모가 작을수록 대박주가 나올 가능성이 크다는 사실만은 분명하다.

소형주는 투자전문가나 막대한 자금력을 갖춘 큰손이 손을 대기 힘들어서 상대적으로 저렴한 가격으로 방치된 경우가 많다. 그러나 성장주를 감지하는 눈치가 빠른 개인투자가라면 비교적 싸게 살 수 있다는 장점도 있다.

경쟁상의 강점, 실적, PER

투자하려는 회사의 경쟁상 강점에 대해 생각해보자. 그 회사의 제품이나 가게의 인기비결은 무엇인지, 그것을 지속할 수 있는지를 알아보자.

만약 경쟁상의 강점이 지속적이지 않다면 성장은 지속되지 못할 것이다. 어떤 인기상품을 출시하더라도 곧바로 경쟁업체가 따라할 수 있다면 고객을 뺏기고 말 것이다. 즉 누구나 쉽게 따라할 수 없는 강점이 있어야 성장을 지속할 수 있다. 이 내용은 3장에서 워런 버핏을 다루면서 자세히 설명했다. 무엇보다 다른 회사가 쉽게 따라할 수 없고 가격지배력이 있어야 한다는 점이 중요하다.

두 번째는 그 회사의 인기를 실적으로 분명하게 확인할 수 있는가 하는 부분이다. 매출액이나 경영이익 등의 추이가 순조롭게 증대되고 있는지를 체크하라.

마지막으로 주가가 적정한 가격인지를 PER로 확인한다. 1장에서도 기술했듯이 PER의 표준적인 수준은 15배 정도이다. 그러므로 실적전망이 좋은 회사가 PER 15배를 밑돈다면, 이 주식은 상대적으로 저렴하다고 할 수 있다. 그 기업의 성장성이 높아서 몇 년 사이에 이익이 2배로 올랐다면, PER은 30배 정도까지 높게 평가될 수도 있다. 따라서 성장성이 높은 회사라면 경우에 따라 PER 20배 정도에서 매수해도 수익을 기대할 수 있다.

아마추어의 강점을 활용하라!

린치는 그의 저서에서 '아마추어의 강점'이라는 말을 자주 사용했다. 그는 주식투자에서는 프로보다 아마추어가 훨씬 유리하다고 주장한다. 그리고 "내가 사려는 주식은 그야말로 전통적인 펀드매니저들이 피하는 종목들이다. 다른 말로 표현하면 난 되도록 아마추어처럼 생각하려고 노력해왔다"라고 말한다. 그렇다면 아마추어의 강점이란 무엇일까? 피터 린치의 말에 따르면 다음과 같다.

- 일상생활에서 얻은 정보를 활용한 종목선택이 가능하다.
- 소형주를 제약 없이 매수할 수 있다.
- 단기적인 성과에 연연하지 않으므로 자신의 페이스대로 진행할 수 있다.

전문 투자가는 지식, 정보, 자금규모 등에서는 개인투자가보다 유리하다고 할 수 있지만, 여러 제약이 많아서 유연한 투자를 할 수 없다. 예를 들면 자금규모가 크다면 소형주는 살 수가 없다. 소형주는 시장에서 거래되는 양이 적어서 매매액도 크지 않으므로, 전문투자가가 필요한 양만큼 매수할 수 없을 때가 많기 때문이다. 투자회사 내부적으로도 시가총액이 적은 주식의 매수를 금지하는 곳이 많다.

회사에서 소형주 매수를 금지하지 않았다고 해도, 다른 전문 투자가들과 전혀 다른 종목을 매수하는 것을 꺼리는 사람들이 많다는 점도 이유도 들 수 있다. 예를 들어 독자적으로 종목을 매수하여 실패했을 때는 펀드매니저로서 큰 오점을 남기게 된다. 반면 다른 사람과 비슷한 주식을 사서 실패했을 때는 별다른 문책을 받지 않는다고 한다.

또한 전문투자가는 3개월, 혹은 1년별로 실적을 보여주어야 하므로 자신의 마음에 드는 주식이 나올 때까지 기다릴 수 없다. 마음에 드는 종목이 없어도 주식을 매수해서 자신이 어떤 식으로 일을 했는지를 증명해야 한다. 만약 독자적인 판단으로 현금을 다량 보유하고 대기하는 상태일 때 주가가 상승해서 자신만 수익을 내지 못한다면, 어마어마한 문책을 받게 될 수도 있다. 이러한 제약이 많아서 투자전문가는 과감한 투자를 할 수 없다. 대박주를 발굴하고 싶지만 그것이 소형주이거나, 다른 투자전문가들이 사지 않는 독자적인 주식이라면 쉽게 손을 대지 못한다.

하지만 린치는 이런 관습과 제약에 얽매이지 않고 자유롭게 종목을 선택하여 투자했다. 일상생활에서도 좋은 종목을 찾으면 그것이 소형주라도 주저 없이 매수했다. 다른 사람보다 열심히 종목발굴에 공을 들였고, 합리적이고 자유로운 발상으로 투자한 것이다. 피터 린치는 이런 자신의 투자기법을 가리켜 "아마추어처럼 투자한다"고 말한다.

그런 의미에서 개인투자가가 소형주 투자에서 왜 유리한지 새삼 깨닫게 된다. 즉 소형주는 다수의 투자전문가가 손을 대지 않으므로 좋은 주식이 나타나도 저렴한 주가로 방치되는 사례가 많다. 그리고 이런 주식이 순조롭게 성장하여 어느 정도의 규모가 되었을 때 애널리스트들이 조사하여 보고서를 작성하고, 이 보고서를 본 전문투자가들이 매수를 시작한다. 이에 반해 개인투자가는 전문적인 애널리스트가 보고서를 쓰기 훨씬 전에 주목하고 있어 그 회사가 비교적 작은 규모인 단계부터 주식을 살 수 있다. 즉 개인투자가는 전문투자가보다 한 발 앞서 투자할 수 있으므로, 전문투자가가 고가에서 매수하는 시점에서 매도할 기회를 얻게 되는 것이다.

앞으로는 높은 가격대에서 전문투자가들이 사들일 만한 주식을 발굴하여 매수한다는 생각으로 투자해야 한다. 개인투자가의 강점을 버리고 전문투자가의 뒤꽁무니만 쫓는 태도는 어리석다고 밖에 할 수 없다. 피터 린치는 "아마추어가 실패하는 까닭은 프로의 흉내를 내며 그들의 뒤를 쫓아가기 때문"이라고 말한 바 있다.

대박주 노리는 분산투자가
확률적으로 가장 유리한 투자전략

'대박주를 노린다'고 하면 얼핏 투자위험이 큰 것처럼 느껴진다. 하지만 린치는 대박주를 노리는 전략이야말로 가장 효율적인 위험관리법이라고 알려준다. 린치는 주식투자의 특성에 대해 "손실은 투자금액에 한정되어 있는데 반해 수익은 한계가 없다"고 말한다. 예컨대 주식에 1,000만 원을 투자했다고 하면 최대의 손실액은 1,000만 원이지만 수익은 3,000만 원이 될 수도 있고, 1억 원이 될 수도 있다.

즉 처음부터 주식투자 자체의 위험과 수익의 구조가 대칭적이 아니라는 것이다. 이 주식투자의 특징을 최대한 살리려면 10%의 수익을 목표로 투자하지 말고, 1,000%의 수익을 목표로 해야 마땅하다는 것이 린치의 생각이다. 신용거래를 하지 않는 한 손실은 최대 100%일 수밖에 없다.

린치는 개인투자가들에게 대박주가 기대되는 5종목 이상의 소형주에 분산해서 투자하는 전략을 추천한다. 물론 평소에 생활하면서 마음에 드는 회사를 선별하여, 앞에서 제시한 다섯 가지 항목으로 확인을 거쳤다고 해도 100% 성공하는 것은 아니다. 피터 린치도 40%의 종목은 실패했다고 고백한다. 하지만 그와 동시에 "60%의 종목에서 성공하면 자산은 꽤 늘어날 것이다"라고도 말한다.

예를 들면 5종목을 선택하여 200만 원씩 합계 1,000만 원을 투자했다고 하자. 2년 동안 보유하여 2종목은 실패, 2종목은 그런대로 성공, 1종목은 대박주라는 결과를 낳았다고 하자. 그렇다면 다음의 표처럼 1,000만 원의 투자자금은 1,800만 원이 된다. 이는 연 30%의 수익이다. 그야말로 린치가 기록한 평균수익

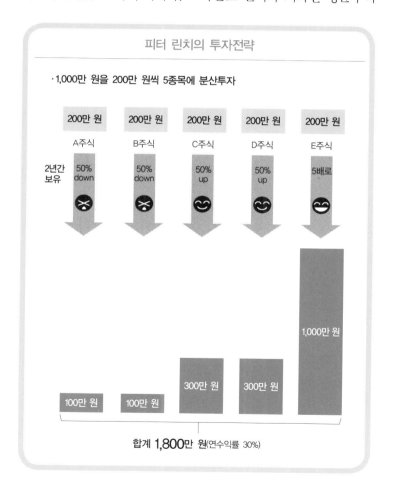

률이다. 2년에 하나만 5배로 상승할 종목을 발견한다면 실현 가능한 수익률인 셈이다. 게다가 100% 적중시킬 필요 없이 대박주가 될 만한 주식 5종목을 사서 그중 하나만 맞으면 된다.

여러 사례를 살펴보았지만 우리 생활에서 찾아보면 다양한 대박주가 탄생한다. 이는 어느 시대든 마찬가지였고, 앞으로도 그럴 것이다. 린치는 일반투자가들에게 자신의 일상을 주의 깊게 관찰하면 일반적으로 1년에 2~3회 혹은 그 이상 기회를 접하게 될 것이라고 말한다.

일상에는 수많은
대박주가 숨어 있다

피터 린치는 그의 저서에서 대부분 미국의 사례를 소개했다. 하지만 일본이나 다른 나라도 일상에서 수많은 대박주를 찾을 수 있다. 일본에서 대박주의 예를 찾아보면 셀 수 없을 정도이다.

세븐일레븐(현재 세븐&아이홀딩스) 200배

퍼스트 리테일링(유니클로) 170배

파크24(동전주차) 40배

돈키호테(할인스토어) 30배

니시마쓰야 체인(아동복) 30배

야마다 전기(가전도매점) 50배

메이코넷(개별지도전문 메이코학원)

카카쿠콤(가격비교사이트) 15배

세리아(100엔샵) 30배

고시다카(저가격 피트니스 '커브스') 30배

아크랜드서비스(돈까스전문점 '가쓰야') 10배

제이아이엔(JIN, 안경전문업체이며 브랜드 'JINS'가 있다) 150배

강호 온라인 엔터테인먼트(스마트폰용 게임 '파즈도라') 100배

우선 자신의 생활 주변을 주의 깊게 살펴보자. 음식, 음료, 옷, 모자, 신발, 안경, 완구, 게임, 스마트폰 어플리케이션, 여러 가게, 서비스 등 주변의 모든 것들이 대박주의 숨겨진 힌트이다. 또한 한 사람의 경험에는 한계가 있으므로 여러 사람의 이야기에 귀를 기울여보자. 가족, 친척, 친구, 동료 등의 이야기를 관심 있게 들어보자. 때에 따라서는 그들의 취미생활에 동참해보는 방법도 좋다. 의외의 발견을 할 수도 있다. 투자 힌트는 곳곳에 있다. 이런 눈으로 주변을 둘러보면 평범하게 지나쳤던 부분들이 갑자기 흥미롭게 여겨질 것이다.

인기산업의 인기주식을 피하고
비인기산업의 비인기주식을 노려라!

이번에는 린치의 독자적인 종목선택 관점을 소개하겠다. 린치는 이상적인 주식으로 '비인기산업의 비인기주식'을 든다. 그리고 반드시 피해야 하는 주식으로 '인기산업의 인기종목'을 말

한다. 여기서 인기산업은 다음과 같이 정의할 수 있다.

- 진입장벽이 없어서 경쟁이 매우 심해진다.
- 변화도 극심하다.

인기산업에서 이런 경쟁과 변화에 대응하기란 쉽지 않아서 극히 일부의 기업을 제외한 대다수는 실패하여 쇠퇴하는 것이 현실이다. 예를 들면 20세기 초, 여명기의 미국 자동차산업은 성장성이 촉망되는 분야로 100여 개 이상의 기업이 참여했다. 하지만 살아남은 곳은 불과 3개 회사에 불과했다. 20세기 후반에 있었던 IT버블 때도 수많은 기업이 인터넷 사업에 진출했지만 대부분은 사라지고 말았다.

물론 인기산업 중에서도 성공하는 기업은 실적이 크게 오를 것이므로, 이런 기업을 일찌감치 발굴하여 투자하면 막대한 이익을 얻을 수 있을 것이다. 린치도 첨단기술주와 IT 관련 주식은 잘 모른다고 하면서도 일상생활 속에서 비교적 친근한 인터넷서점 아마존닷컴만은 발 빠르게 유망주로 점찍었던 것 같다. 이처럼 소비자의 입장에서 실용성이나 인기의 정도를 확인할 수 있는 '알기 쉬운 회사'라면 두 단계의 검증을 거쳐 투자대상으로 삼아도 좋을 것이다. 이런 방법으로도 큰 성과를 올릴 수 있을 것이다.

하지만 대부분의 경우 경쟁과 변화가 격심한 인기산업 중에서 살아남을 수 있는 기업을 초기 단계에서 가려내려면 상당한 지식과 판단력이 요구된다. 솔직히 다수의 개인투자가에게는 넘기 힘든 장벽일 것이다. 또한 여기에서 살아남을 수 있는 회사가 명확해지는 시점에는 이미 해당 회사의 주가가 천정부지로 올라 PER도 40~50배, 혹은 그 이상이 될 때도 많다.

아무리 좋은 회사라고 해도 지나치게 높은 가격으로 살 위험이 높아진다. 일단 성공을 거두어 궤도에 오른 회사라도 경쟁이 심한 인기산업에서는 신흥세력의 공격으로 성장력이 쇠퇴하는 일도 벌어진다. PER이 지나치게 높은 상태에서 실적이 악화되기 시작하면 주가는 몇 분의 일로 떨어질 위험이 있다. 당연히 이런 위험은 두 단계의 검증에서 걸러지겠지만, 어쨌든 이런 인기산업의 인기종목은 다루기가 어렵다.

반면에 비인기업종에서는 경쟁이나 변화가 심하지 않다. 그래서 의욕적으로 어느 한 회사가 진출한다면 착실하게 시장점유율을 확대시켜갈 수 있으며, 여기에서 단연 두각을 나타내는 회사가 있다면 쉽게 찾아낼 수가 있다. 게다가 비인기업종의 평범한 종목이라면 상대적으로 저렴한 수준에서 매수할 가능성이 높다. 비인기산업은 다음과 같다.

- 평범해서 눈에 띄지 않는 산업
- 틈새산업
- 성장성이 없는 산업

• 사람들이 꺼리는 사업

린치는 비인기산업의 구체적인 사례로 다음을 말했다.

• 카펫업체
• 장례회사
• 산업폐기물 회사
• 폐유회수 사업
• 병뚜껑 제조업체
• 플라스틱 포크나 빨대 제조업체

아무리 봐도 대박을 터트릴만한 성장주가 나올 것 같지 않은 업종뿐이지만, 각 업종마다 대박주가 존재한다. 피터 린치는 이런 종목을 눈여겨봤다. 모든 업종에서 특출한 회사가 존재할 가능성이 있으며, 만약 이런 비인기 업계에 눈에 띄는 회사가 있다면 독주 상태를 구축할 가능성도 크다. 특히 오랜 세월 무풍 상태였던 업계에 혁신적인 회사가 등장한다면, 기존의 낡은 체제에 안주하던 기업을 제치고 급성장할 가능성이 있다.

앞에서 예로 든 일본의 대박주 사례에서 한 번 찾아보자. 2009년 이후 수년에 걸쳐 안경업계에서 폭발적인 성장을 이룩한 브랜드 '진스JINS'를 운영하는 제이아이엔JIN이 가장 대표적이다. 안경업계는 시장규모가 조금씩 축소되는 가운데 제품진열과 가격, 주요 회사 모두 거의 변화가 없는 무풍지대였다. 꾸준히 축소되는 시장에서 기존 회사들이 나눠 갖는 형태로 격심한 경쟁 없이 서서히 쇠퇴해가는 상태였다.

이 상황에서 제이아이엔은 얇은 평면렌즈의 안경을 5만 원 전후라는 저가격으로 시장에 내놨다. 이를 시작으로 경량안경, PC안경, 꽃가루 알레르기 방지 안경 등 기능성 안경을 끊임없이 출시해 업계에 선풍을 일으켰다. 이는 안경의 개념을 바꿀 정도의 강렬한 인상을 심어주었고 종전에는 안경을 사용하지 않았던 사람을 안경 애호자로 만들며 시장 자체를 확대하는 변화를 일으켰다.

이런 탁월한 전략 덕분에 제이아이엔의 주가는 3년 만에 150배로 뛰어올랐다. 이런 변화는 안경을 사용하는 사람이라면 누구나 알아차릴 수 있을 정도이므로, 얼마든지 이를 절호의 투자 기회로 삼을 수 있었을 것이다. 무풍지대나 다름없는 업계에 성장기업이 진출했을 때, 그때가 바로 투자가로서 어마어마한 수익을 올릴 수 있는 기회다.

윌리엄 오닐에게 배우는,
차트와 실적으로
'급성장 대박주'를 찾는 법

성장주 투자의 신이 도달한
'CAN-SLIM'이라는 비법

실적 상승세가 두드러지고
높은 가치가 있는
소형주를 노린다

1934년에 태어났다. 증권회사에 입사 후, 독자적인 투자기법을 연구해왔다. 벌어들인 놀라운 실적을
바탕으로 30세라는 젊은 나이에 뉴욕증권거래소 회원 자격을 취득한 후, 기관 투자가를 대상으로 한
리서치전문 투자정보회사를 설립한다. 〈월스트리트 저널〉에 대응하는 〈인베스터스 비즈니스 데일리
(Investors Business Daily)〉을 창간했다. 대표적 저서로는 《최고의 주식 최적의 타이밍》이 있다.

실적 상승세와 차트를 분석하여
단기 대박주를 노린다

월리엄 오닐은 1929년 증시대폭락 이후, 대공황이 한창이던
1934년에 태어난 미국의 대표적 투자가 가운데 한 명이다. 워런
버핏과 거의 같은 세대이다. 하지만 오닐의 투자전략은 '몇 개월
부터 2년 정도 안에 몇 배에서 수십 배가 되는 성장주를 노린다'
는 점에서, 이 책에 나오는 투자가 중 피터 린치와 가장 근접하다
고 할 수 있다. 월리엄 오닐과 피터 린치의 차이점은 크게 3가지
로 꼽을 수 있다.

① 실적 등 종목선별의 조건을 명확하게 제시한다.

② 주가차트분석을 무엇보다 중요시한다.

③ 조건이 성립한다면 첨단기술주와 바이오주 등도 투자대상에 포함한다.

이렇게 체계화된 투자법을 'CAN-SLIM'이라고 부른다. 이 기준에 따라 오닐은 거대한 부를 축척했다. 또한 이 비법을 익혀 성공한 개인투자가들도 많다는 사실은 익히 알려져 있다.

100년 이상의 자료를 분석하여 대박주의 공통점을 찾아내다

오닐은 성장주를 어떤 식으로 발견하여, 언제 사고팔면 되는지 알아내기 위해 1880년대까지 거슬러 올라가 대박주 1,000종목 이상을 자세하게 분석했다. 오닐은 그의 저서에서 "역사는 반복된다" "동일한 형태는 몇 번이고 되풀이된다"고 여러 번 언급한다. 대박을 낳는 주식에도 반복적으로 나타나는 몇몇 형태의 실적과 차트가 존재한다고 한다.

사회는 변화하고 진보하지만, 사람의 심리나 본질은 예나 지금이나 크게 달라지지 않았다. 인간은 투자판단을 할 때 주위에 휩쓸리거나 습관이나 상식에 얽매이기도 하고, 쉽게 돈을 벌려고 욕심을 부리거나 필요 이상으로 겁을 먹기도 한다. 이러한 특성은 1634년 튤립버블의 발생과 붕괴부터 시작해 2007~2008년 서

브프라임 모기지Sub-prime Mortgage 사태와 리먼사태 때까지 거의 변함이 없다고 오닐은 말한다. 이런 까닭에 역사를 거슬러 올라가 증시패턴을 연구하면 여러 번 반복되는 몇 가지 형태가 있다는 사실을 알게 된다. 그리고 이런 패턴이나 법칙을 알면 주식투자에서 성공할 확률이 한층 높아질 것이다.

이번 장에서는 오닐의 성장주 투자 비법을 소개하려고 한다. 오닐의 생각을 제대로 이해하기 위해 그의 이력부터 살펴보자.

우량펀드 매매패턴을 연구하다 발견한,
주식의 최적 매수 타이밍

오닐은 1958년, 23세 때에 증권회사에 입사했다. 주식시장의 다양한 움직임을 경험하며 증권업계에 어느 정도 익숙해진 1960년, 주식투자의 비법을 연구하여 체계화하는 작업을 시작한다. 먼저 오닐은 과거 2년 동안 최고의 투자수익을 기록한 3개의 투자신탁을 분석했는데, 그 중에서 드레이퓨스 펀드Dreyfus fund를 집중적으로 연구했다. 드레이퓨스 펀드는 규모는 작지만 다른 경쟁펀드들에 비해 월등한 운용실적을 올리고 있었기 때문이다.

오닐은 3년간의 운용보고서를 분석하여 펀드가 구입한 종목, 평균구입단가를 확인하고 주가차트에 표시해나갔다. 이 과정에서 드레이퓨스 투자방식의 놀라운 사실을 발견한다. 일정금액 이상의 대다수 보유주가 과거 신고가를 갱신한 시점에서 매수되었다는 것이다. 피델리티가 운용하는 2개의 소규모 펀드도 동일한 투자법으로 역시 우수한 성과를 내고 있었다.

월리엄 오닐은 실적 면 등 상승하는 주식의 조건을 찾아내어, 매수조건을 다음의 3가지로 결론지었다.

① 기관투자가가 사들이기 시작한다.
② 순이익이 5년 이상 연속증가하고 있으며 최근 분기 EPS가 최소 20%는 상승했다.
③ 충분한 조정기간을 거친 후에 신고가를 갱신한 종목 혹은 신고가를 갱신할 것 같은 종목 가운데, 조정을 돌파하는 시기의 거래액이 평균적인 거래액보다 최저 50%는 증가해야 한다.

기관투자가란 펀드나 연금 등 대규모 투자기관을 말하는데, 자금력이 커서 기관투자가의 매수는 주가가 오르는 중요한 요인으로 작용한다. 뒤에서도 설명하겠지만 이런 정보는 '대량보유보고서'나 '투자신탁 운용보고서' 등에서 얻을 수 있다. 실적호조도 주가상승이 요인으로 작용하지만 이 시점에서 오닐이 발견한 사실은 ②번에서 기술했듯이 '5년 이상 순이익이 지속적으로 증가하고 있으며, 최근 분기 EPS는 최저 20% 이상 상승'이라는 조건이었다. 횡보란 주가가 정체된 상태를 말한다. 특히 오닐은 얼마 동안 이런 단계를 거친 다음 거래액 증가를 동반하며 최고가를 갱신하는 움직임을 보이면, 이후 주가가 폭발적인 상승세를 보일 확률이 높다는 조건을 중요하게 생각했다.

이 법칙에 따라 1960년 2월에 처음으로 매수했던 유니버설 마치 사의 주식은 16주 동안 2배로 올랐고, 이후에도 놀라운 성과를 보여주었다. 1961년 전반에는 이러한 전략이 잘 맞아떨어져 오닐의 자산이 순조롭게 증가했다.

'매도의 3조건'을 발견해 자산이 단기간에 40배로 증가하다!

그러나 1961년 여름 이후, 상황은 180도로 달라졌다. 오닐의 계좌는 상당한 금액의 비실현이익을 포함하고 있었는데, 주가가 천정을 치고 하락하기 시작하자 비실현이익이 순식간에 0이 되고 말았다. 큰 충격을 받은 오닐은 지금까지 자신이 해온 거래를 철저하게 분석한다. 매매기록을 살펴보고, 주가차트에 매매 포인트를 기록하여 왜 실패했는지, 어떻게 했어야 옳았는지를 분석했다. 이 작업을 통해 오닐은 '자신에게는 언제 어떻게 팔 것인가에 대한 전략이 전혀 없었다'는 사실을 깨닫는다. 이런 반성을 바탕으로 연구를 거듭하여 다음의 확고한 매도조건을 만든다.

① 마이너스 8%에서 손절매한다.
② 일반적으로 이익이 20~25% 정도 되면 일단 매도하여 수익을 확보한다.
③ 1~3주 동안 20% 이상 상승하는 주식은 매수한 시점에서 최소한 8주 동안은 계속 보유한다.

'손절매는 8%, 이익은 20~25%'라는 수치는 투자에 '실패했을 때의 손실'과 '성공했을 때 이익'의 비율을 1 대 3으로 한다는 의미다. 이 방침대로 투자를 하면 승률이 25%라도 원금이 보장되며, 승률이 지속적으로 50%를 기록한다면 꽤 큰 성과를 올리게 된다.

또한 주가가 1~3주 정도 단기간에 20% 상승한 경우에는 상승에너지가 폭발적이라고 판단하여 그 상승세를 충분히 향유하는 전략으로 바꿨다. 오닐의 연구에서는 8주 정도 보유하면 폭발적인 상승에너지의 혜택을 대부분 누린다고 본다. 그래서 매수시점에서 8주간을 하나의 기준으로 정해 그 사이 일어나는 급등락은 관망하여 계속 보유하는 방침을 세웠다. 이외에도 실적면에서 기대가 어긋나 적자를 내는 경우나 기술적인 매도신호가 나타난 경우도 매도 타이밍으로 생각했는데, 이에 관련한 내용은 뒤에서 자세하게 설명하겠다.

이처럼 매수와 매도 전략을 명확하게 규정한 오닐은 이후 눈부신 성과를 보여준다. 1963년에는 5,000달러의 원금을 1년 만에 20만 달러로 키웠다. 단기간에 무려 40배라는 투자성과였다. 매일 밤늦게까지 연구를 거듭한 끝에 자신만의 비법과 매매기준을 확립하여 큰 성과를 거둔 오닐은 자신의 주식투자 성과에 대해 다음과 같이 말한다. "운은 전혀 상관없다. 모든 것은 끈기와 노력의 산물이다."

최강의 성장주 투자법,
CAN-SLIM법

오닐은 자신의 매매전략을 더욱 구체화하여 'CAN-SLIM법'
이라는 투자법을 만들어낸다. CAN-SLIM법이란 다음 도표에 나
온 조건으로 종목선택과 투자 타이밍을 결정하는 방법이다. 오
닐은 N으로 시작하는 ③과 ④를 한 항목으로 합쳐서 '7가지 조
건'이라 불렀다. 하지만 필자가 보기에 ③과 ④는 별개의 내용이
므로, 책에서는 이를 구분하여 '8가지 조건'으로 만들었다. 이렇
게 하는 편이 오닐의 의도하는 바를 좀 더 알기 쉽게 전달할 수

오닐의 CAN-SLIM법

① Current earnings
현재 주당 분기 순이익이 순조롭게 증가하고 있다.
② Annual earnings
과거 몇 년 동안 높은 성장률을 기록하고 있다.
③ New products, New management
앞으로도 실적을 견인할 수 있는 획기적인 제품이나 서비스 혹은 새로운 경영
제제를 보유하고 있다.
④ New Highs
주식의 상반기 거래액, 작년 거래액, 상장거래액 등이 신고가를 갱신하고 있다.
⑤ Supply and demand
유통주식수가 적은 소형주가 시세차익을 낼 확률이 크다.
⑥ Leader or laggard?
가격과 실적에서 증시를 이끄는 주도주를 사라.
⑦ Institutional sponsorship
주식시장의 큰 손인 기관투자가들이 매수를 시작한다.
⑧ Market
증시가 전반적으로 나쁘지 않다(하락장이 아니다).

있을 것이라 생각하기 때문이다.

이제부터 이 조건의 구체적인 내용을 일본 주식시장 실정에 맞게 조금 변형하여 기술하려고 한다. 오닐의 주장과는 완전히 일치하지 않는 부분도 있을 것이다. 그렇지만 투자고수들의 핵심비법을 흡수하여 실전에 적용하려면, 투자가 개개인에게 맞게끔 살짝 변형하는 자세도 중요하다.

실적과 주가의 움직임이 두드러진 강한 소형주를 노려라

오닐의 종목선택조건에서 핵심은 '실적과 주가의 가격변동의 폭이 큰 강한 소형주'이다. 구체적으로 설명하면 다음과 같다.

- 영업이익과 경상이익의 성장률이 과거 3년 동안 25% 이하이며, 최근에는 40% 이상으로 그 수치가 급격하게 높아짐
- 주가가 상장 이후 최고가를 기록함
- 시가총액이 5,000억 원 이하인 소형주

앞의 조건들이 오닐이 말한 종목의 조건이라 할 수 있다.

오닐은 실적 면에서는 EPS^{주당순이익} 증가를 조건으로 삼았지만, 필자 생각에는 영업이익이나 경상이익을 살펴보는 편이 효과적일 것 같다. EPS는 주식분할 등으로 실질적으로는 변화가 없음에도 수치가 갑자기 절반으로 떨어지기도 하고, 특별손익 등 일

시적인 요인도 포함되기 때문에 추이를 정확하게 판단하기 힘들다. 반면에 영업이익이나 경상이익은 주식분할이나 특별손익에 따른 영향을 받지 않으므로, 그 기업의 수익성 추이를 쉽게 알 수 있다.

또한 최근 실적에 대해서도 오닐은 최근 분기의 주당순이익이 전년대비 증가하는 조건을 내세웠지만, 최근 분기 주당순이익이든 이번 분기 예상이익 중 하나를 확인하면 될 것 같다. 즉 실적이 순조롭게 확대되고 있고, 이것이 점차 가속화되는 추세라는 점이 중요하다. 예를 들어 경상이익이 '100억 원→130억 원→170억 원→220억 원→320억 원'이라는 실적추이가 오닐이 추구하는 형태이다. 오닐은 여기에 다음과 같은 조건이 덧붙는다면 가장 이상적이라고 말한다.

- 영업이익률이 업계 내에서 높음
- ROE 15% 이상

영업이익률과 ROE는 책에서도 이미 여러 번 등장했는데, 대다수 투자고수들은 '영업이익률 10% 이상, ROE 15% 이상'을 종목선별의 조건으로 삼고 있다. 오닐은 '매출액 세전 이익률'을 조건으로 들고 있는데, 일반적으로 흔히 사용하는 영업이익률과 거의 비슷한 수준의 수치를 나타낼 때가 많다. 그러므로 영업이익률을 사용해도 상관없다.

영업이익률은 업종에 따라서 표준적인 수준이 다르므로 일괄적으로 '몇 % 이상이면 된다'고는 단정하기 힘들다. 하지만 일반적으로는 10% 혹은 그 이상이면 수익폭이 넓은 괜찮은 사업이라고 할 수 있다. 오닐은 10%보다 낮더라도 동종업계 다른 회사에 비교했을 때 수치가 높은 편이라면 무방하다고 생각했다.

또한 실적은 수치뿐만 아니라 안정성 면에서도 확인할 수 있다. 실적호조의 배경에 무엇이 있는지, 앞으로도 실적이 더욱 향상될 수 있는 획기적인 신상품이나 서비스, 혹은 혁신적인 경영체계가 있는지도 살펴보고 생각해보는 것이다.

주가차트는 1~4장에 나온 투자가들의 투자법에서는 중요한 조건으로 등장하지 않았다. 하지만 오닐은 이를 중요시하여 과거 주가가 급등한 주식의 차트형태를 매우 상세하게 분석하여 법칙으로 만들었다. 자세한 내용은 뒤에서 설명하겠지만, 오닐이 주가차트에서 가장 중요하게 생각한 부분은 '가격 움직임이 큰 종목을 선택한다'이다. 가격 움직임이 크다는 것은 구체적으로 다음과 같다.

- 시장평균보다 월등히 높으며 증시를 주도하는 움직임
- 상장 이래 최고가를 갱신할 것 같은 움직임

상장 이래 최고가가 아니더라도 연초나 작년 거래가가 최고가를 갱신했다면 가격 움직임이 크다고 할 수 있다. 하지만 오닐이 주목하는 것은 상장 이래 최고가를 갱신하고 새로운 영역으로 진입하기 시작하는 주식이다. 작은 회사가 급성장해가는 시기에는 항상 실적 면이나 주가 면에서 종전의 틀을 깨는 상황이 벌어진다. 주가 면에서는 이것을 신고가라는 현상으로 나타나는 것이다.

오닐은 '소형주'를 판단하는 잣대로 '발행주식수가 1,000만 주 이하'라는 기준을 제시했지만, 미국과 일본은 사정이 다르다. 주가수준이 높고 낮은가에 따라서도 상황이 달라진다. 일반적으로 소형주는 시가총액으로 판단하는 것이 보편적이다. 이 문제는 앞의 피터 린치의 장에서도 고민한 부분이다. 오닐의 의도를 반영하여 상식적으로 판단하면, 대개 시가총액 5,000억 원 이하 정도로 생각하면 될 것이다. 특히 시가총액 2,000~3,000억 원이라면 어떤 긍정적인 변화가 나타났을 때 주가가 급등할 가능성이 높다.

PER 30~50배 수준에 사서, PER 수준이 2배가 되었을 때 판다

앞에서 설명했듯이 오닐은 실적의 상승세를 중시했지만 실적과 함께 주목받는 PER은 종목선택 조건에 포함시키지 않았다. PER을 중요하게 생각하지 않았던 것이다. 추측하건대 대략 PER 20~50배 정도에서 주식을 구입한 것으로 생각된다. 오닐에게 중요한 것은 어디까지나 실적의 증가세, 주가의 상승폭, 작은 규모의 시가총액이다. 이들 조건이 충족된다면 PER이 100배라도 매수가 가능하다. 오닐이 주목하는 것은 단기간에 가격이 급등하는 회사의 주식으로, 폭발적인 성장기업이라면 몇 년 안에 이익이 수십 배가 되기도 한다.

그렇다고 하더라도 PER을 어느 정도는 의식하는 편이 좋다. 예컨대 PER 100배는 평균적인 PER 15배의 약 7배 수준으로, 이익이 7배 증가할 것이라는 기대를 반영한 것이다. 따라서 실제로 이익이 7배로 증가하지 않을 가능성이 있다. '이익이 10배 정도는 될 것이다'라는 확신이 있을 때 비로소 PER 100배인 주식으로 수익을 얻을 수 있다. 이익이 10배가 된다고 하면 PER은 '15×10배=150배'로 평가되어도 이상하지 않기 때문이다.

이렇게 생각하면 PER 100배인 주식을 매수할 때에는 이익이 10배로 증가할 가능성이 있는지를 살펴보아야 하는 것이다. 마찬가지로 다음의 상황에서도 수익증가성을 따져보아야 한다.

- PER 30배인 주식을 매수한다면 이익은 4배
- PER 50배인 주식을 매수한다면 이익은 6배

또한 오닐은 '매수시점의 PER에서 2배 수준이 되면 매각한다'를 매도방침으로 삼았던 것 같다. 예를 들면 PER 30배에서 매수했다면 PER 60배에서 매도하고, PER 50배에서 매수했다면 PER 100배에서 매도한다는 식이다.

규모가 큰 펀드에서
조용히 사들이기 시작한 종목에 주목한다

'큰손인 기관투자가들이 사들이기 시작한다'는 조건이 반드시 필수적이라고는 생각하지 않지만, 그래도 유망주를 찾는 효과적인 방법 중 하나라고 생각한다. 이 조건은 대량보유상황보고서나 펀드 운용보고서 등에서 확인할 수 있다. 대량보유상황보고서는 보유주 비율이 5% 이상이 되었을 때나 보유주 비율이 5% 이상인 투자가의 보유주 비율에 변화가 생겼을 때에 공시하는 정보이다. '대량보유상황보고서'라고 인터넷에 검색하면 이와 관련된 정보를 확인할 수 있다(한국은 '주식등의 대량보유상황보고'에 의해 변경상황을 5일 이내에 금융위원회와 한국거래소에 보고하게 되어 있다. 금융감독원 전자공시시스템에서 확인할 수 있다). 이번에는 대량보유자 정보를 분석해보자. 만약 과거에 안정적인 실적을 거둔 우량펀드가 최근 사들이기 시작한 종목이 있다면, 이는 대박주 후보로 검토할 가치가 있다.

또한 성장주를 발굴하는 능력이 탁월하고, 과거 운용실적도 안정적이며, 수익률도 높은 펀드가 있다고 하자. 그렇다면 그 펀드에서 정기적으로 발행하는 운용보고서를 홈페이지에서 다운받아 확인하라. 최근 신규로 사들인 주식이나 매수량이 증가한 주식을 주목해야 한다.

현재 일본 펀드에서는 히후미 투신ひふみ投信, JPM 더재팬, 피델리티 일본소형주 펀드 등이 소형성장주 발굴에 정평이 나 있다.

다만 기관투자가의 보유비율이 이미 꽤 높은 수준(예컨대 대주주 대부분이 기관투자가인 경우)이라면, 그 주식은 피하는 편이 좋다고 오닐은 말한다. 실적악화 등 전망이 어긋났을 때 큰손들이 대량 매도하여 가격이 떨어질 확률이 높다는 것이 그 이유다.

무엇보다 '규모가 큰 펀드 한두 곳이 조용히 사들이기 시작한(이를테면 보유주 비율이 122% 정도)' 시점을 주목해야 한다. 이런 상황에서는 실제로 실적이 증대되면 그 후에도 이 펀드에서 매수를 늘리거나, 다른 펀드회사에서 추격매수를 하여 주가의 상승세가 가속화될 가능성이 있기 때문이다.

증시의 천정징후 4가지, 그리고 바닥권 탈출징후 3가지

마지막 조건으로 제시한 '전반적인 증시의 동향'에서는 당연하겠지만, 바닥을 치고 상승하기 시작하는 국면이 가장 수익이 크다. 반면에 천정을 치고 하락하는 국면이라면 한동안은 수익을 기대하기 힘들다. 오닐은 증시가 바닥을 친 이후 2년 동안은 가장 돈을 벌기 쉬운 시기라고 말한다. 그리고 상승기간이 2년을 넘어 천정징후가 나오기 시작하면 투자금액을 줄이거나 잠시 쉬는 편이 좋다고 한다.

오닐은 증시의 천정징후로 다음 4가지를 꼽고 있다.

증시의 천정징후 ①_기관투자가들의 손 털기

가격동향을 보면 전체 증시가 어느 정도 상승한 후 '거래량이 증가했음에도 주가의 상승폭이 둔하다'는 느낌이 들 때이다. 예를 들면 평균주가가 다음과 같은 움직임을 보일 때이다.

• 거래량이 증가했음에도 주가가 하락했다.
• 거래량이 증가하여 주가가 상승했지만 상승세가 지속되지 못하고 전날과 비슷한 수준까지 하락했다.

오닐은 이런 움직임이 기관투자가 같은 큰손들이 빠져나가기 시작했음을 의미한다고 말한다. 이런 움직임이 1개월에 3~5일 나타나면 주가가 천정에 도달했을 가능성이 높다고 한다.

증시의 천정징후 ②_고가에서 급락한 후 상승 시도 실패

고가에서 급락을 한 후에는 대개 재상승의 움직임을 보이는데, 이때 거래량도 적고 변동폭도 미미하다면 고가갱신에 실패하여 하락세에 접어들었을 가능성이 높다. 더욱이 고가갱신에 실패하고 급락하여 최저가를 기록하면, 하강국면으로 전환될 가능성이 더욱 커진다고 할 수 있다.

증시의 천정징후 ③_주도주의 가격동향이 불안정하다

증시의 주도주로 실적증가와 더불어 평균주가보다 월등하게 높은 상승을 지속해온 종목의 움직임이 둔화되거나 가격동향이 불안정한 양상을 보이면, 전체 증시도 위험한 신호 중 하나라고 할 수 있다. 또한 실적과 차트 등에서 투자대상으로 매력적인

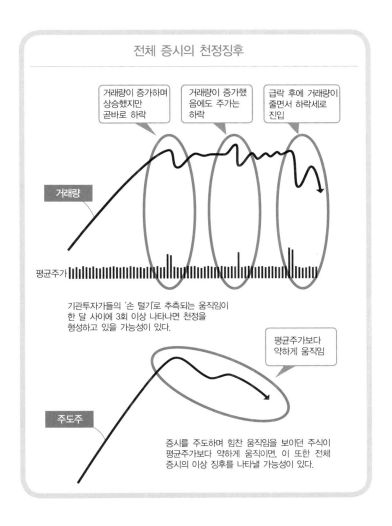

전체 증시의 천정징후

거래량이 증가하며 상승했지만 곧바로 하락

거래량이 증가했음에도 주가는 하락

급락 후에 거래량이 줄면서 하락세로 진입

거래량

평균주가

기관투자가들의 '손 털기'로 추측되는 움직임이 한 달 사이에 3회 이상 나타나면 천정을 형성하고 있을 가능성이 있다.

평균주가보다 약하게 움직임

주도주

증시를 주도하며 힘찬 움직임을 보이던 주식이 평균주가보다 약하게 움직이면, 이 또한 전체 증시의 이상 징후를 나타낼 가능성이 있다.

주도주가 대부분 사라졌다면 전체 증시가 천정을 찍었다는 징후로 볼 수 있다.

증시의 천정징후 ④_3회 연속된 금리인상

금리인상은 중앙은행이 정책금리를 상향조정하는 것을 말한다. 중앙은행은 돈을 발행하는 은행으로 미국은 FRB, 일본은 일본은행이 이에 해당된다. 중앙은행은 시중에 유통되는 돈의 양을 늘리거나 줄여서 경기를 조정하는 역할도 한다. 돈의 양을 줄이는 것을 금융긴축이라고 하는데, 주로 금리인상을 그 수단으로 사용한다. 돈의 양을 늘리는 것을 금융완화라고 하며 금리인하가 주된 수단이다.

금융긴축은 주가하락의 원인이 되며, 금융완화는 주가상승의 원인으로 작용한다고 본다. 오닐은 한 차례 금융긴축을 한다고 해서 곧바로 주가가 천정을 친다고는 할 수 없지만, 3회 연속해서 금융긴축을 하면 주가가 천정을 치고 떨어질 가능성이 상당히 높아진다고 말한다(금융정책에 대해서는 227페이지도 참조하기 바란다).

이상 주가가 천정을 치고 하락전환하는 징후에 대해 살펴보았다. 이와 반대로 전체증시가 바닥을 치고 상승전환하는 징후로서 오닐은 다음의 현상을 들고 있다.

• 전체 증시의 바닥권 탈출징후 ① : 평균주가가 하락한 후에 급격하

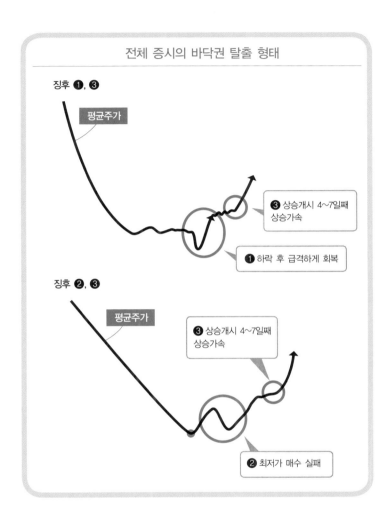

전체 증시의 바닥권 탈출 형태

징후 ❶, ❸

평균주가

❸ 상승개시 4~7일째
상승가속

❶ 하락 후 급격하게 회복

징후 ❷, ❸

평균주가

❸ 상승개시 4~7일째
상승가속

❷ 최저가 매수 실패

게 회복한다

• 전체 증시의 바닥권 탈출징후 ② : 최저가 매수시도 실패, 상승 후
한 차례 하락하지만 이전의 최저가를 갱신하지 않는다.

• 전체 증시의 바닥권 탈출징후 ③ : 상승개시 4~7일째 지점부터 상승이 가속화된다.

오닐은 전체증시의 바닥권 탈출징후로 앞에서 제시한 3개의 항목을 든다. '하락 후 급격한 회복', '최저가매수 시도 실패' 후 4~7일째에 상승이 가속화되는 형태를 보이면 바닥을 치고 오른다는 의미다. 또한 '신중론을 주장하는 전문가가 많아져서 비관론이 지배적'인 상황에서 이런 움직임이 발생하면 바닥탈출의 가능성이 훨씬 높아진다고 말한다. 금융정책에서도 금융완화의 움직임이 있으면 전체 증시는 바닥을 치고 상승으로 전환되는 국면에 접어들었다고 할 수 있다.

조정을 거쳐 베이스에서 저항선을 돌파할 때, 이때가 절호의 매수기회다

앞에서 소개한 'CAN-SLIM'의 사고방식에는 실적, 사업내용, 주가동향, 시가총액, 기관투자가 보유 등 종목선택의 조건과 더불어 매수 타이밍까지 포함되어 있다. 이 중에서 개별주의 매매 타이밍에 대해서 좀 더 자세하게 살펴보기로 한다.

오닐은 매수 타이밍에 대해 기본적으로는 주가가 신고가에 근접했을 때를 노려야 한다고 말한다. 이 타이밍을 잡아내는 방법에 대해 아주 상세하게 설명하고 있다. '신고가주를 매수한다'는 원칙과 더불어 오닐의 매수 타이밍에 대한 기본적인 원칙은 '베이스를 벗어나 저항선을 돌파한 주식을 매수한다'이다.

베이스란 그래프가 횡보의 움직임을 나타내는 것으로 보합 혹은 제자리걸음이라고 한다. 저항선 돌파란 이 보합세의 고점을 뚫고 올라가는 움직임을 말한다. 베이스를 벗어나 급등하여 고점을 갱신하기 직전 시점이 절호의 매수 타이밍이다. 하지만 고점을 갱신하지 않더라도 고점에 근접하여 베이스를 형성하며 또다시 저항선을 돌파할 조짐을 보이면 매수할 타이밍이다. 특히 2~3회 조정을 거친 이후의 상승세는 더욱 강력하다.

조정이란 그야말로 투자가를 혼란스럽게 만드는 움직임으로 때로는 상승세가 '무너졌다!'고 생각될 만큼 급격한 하락세를 보이기도 한다. 이런 조정의 움직임이 나타나면 의지가 약한 투자가는 떨어져나가 약간의 상승장에서는 조급하게 팔지 않고 장기보유하려는 투자가만 남는 상태가 된다. 일단 상승을 시작하면 지속성이 길고 상승폭도 크다.

보합에서 급등한 시점이 절호의 매수 타이밍

주가

급등

보합(베이스)

성장주에 많이 나타나는 '손잡이가 달린 컵'

또한 오닐은 성장주에 공통적으로 자주 나타나는 의미 있는 패턴이 '손잡이가 달린 컵 모양'이라고 했다. 이것은 165페이지의 그림에서 보듯이 컵 모양으로, 주가가 조정되어 고가 부근까지 회복한 후에 손잡이처럼 횡보하는 움직임이 이어지는 형태다. 이 형태에서 손잡이 부분의 고가를 갱신한 지점이 최적의 매수 타이밍이다. 손잡이가 달린 컵 모양은 대개 3~6개월이면 형성되지만 짧으면 2개월 미만, 길면 1년 3개월 정도의 기간에 형성되기도 한다. 손잡이 부분은 일반적으로 1~2주 이상에 걸쳐서 형성된다.

- 손잡이가 달린 컵 모양이 형성되기 전에 30% 이상의 명확하고 강력한 주가상승 움직임이 나타난다.
- 컵 바닥에서 2~3회의 조정의 움직임이 나타난다.
- 컵 부분의 고가에서 저가까지 주가조정 폭은 12~33% 정도이다.
- 손잡이 자체는 컵의 윗부분보다 위쪽에 위치하여 하향세를 형성하는데, 손잡이 부분의 하락폭은 강세장이라면 고가에서 8~12%가 적정수준이다.
- 하락세의 마지막 지점에서 조정이 나타나서 손잡이의 저가를 밑도는데, 이 시기 거래량은 극도로 적어진다.

앞에서 서술한 특징을 갖추고 있다면 패턴형성 후에 주가가 순조롭게 상승하는 바람직한 형태가 된다고 한다. 손잡이가 달린 컵은 주가조정(주가상승을 잠시 멈추는) 패턴으로, 그전의 상승이 강력할수록 에너지가 강하다고 볼 수 있다. 이후의 조정 폭이 50% 이상으로 컵 부분이 지나치게 깊어지면 이는 매도수요가 우세하다는 의미일 수 있다. 이런 경우에는 손잡이 부분의 제어가 실패하거나, 제어하더라도 소폭 상승에 그치는 경향이 있다. 오닐의 연구결과에 따르면 33%까지의 조정이 바람직하다고 말한다.

또한 오닐은 '강한 상승력'에 더해 '조정'의 움직임을 여러 번 확인할 수 있는 형태가 이상적이라고 한다. 앞에서도 설명했지만 조정은 일시적으로 움직임이 주춤하거나, 급락해서 마음 약한 투자가들이 주식을 팔고 나가는 현상을 말한다. 일명 '손털기'이다.

주식에 신뢰를 가지고 계속 보유하는 큰손 투자가 등이 더욱 싼 가격에 주식을 사려고 일시적으로 매수를 중지하고 양상을 지켜보는 태도를 취하면 주가의 움직임이 둔해지기도 한다. 이때 자신 없는 투자가가 일부를 매도하면서 저가를 갱신하기도 하는데, 이 움직임에 불안해진 투자가가 추격매도를 하면서 '예상하지 못한 저가'를 기록하기도 한다. 이런 하락세가 나타나면 평소 그 주식을 사려고 했던 큰손 투자가들이 대량 구매하여 곧바로 주가가 제자리로 돌아오는 일은 다반사다. 이런 일련의 움직임을 손 털기 혹은 조정이라고 한다.

마음 약한 투자가들은 어느 정도 주가가 다시 상승하면 곧바로 매각하기 때문에 주가의 상승세를 억제하는 작용을 하게 된다. 이런 투자가들이 사라지고 확고한 의지로 주식을 보유하는 투자가만 남게 되면, 이후 주가는 거침없이 상승곡선을 그리게 된다. 따라서 컵 바닥이나 손잡이 부분에서 조정이 여러 번 들어가야 이후 주가가 순조롭게 상승할 수 있다.

또한 손잡이의 위치가 컵의 윗부분이며, 10주 이동평균선보다 위쪽에서 형성되었다면, 이후 급상승에 성공할 가능성이 높다. 반면에 아랫부분에서 형성되면 실패할 가능성이 높다고 한다. 일본의 주가차트에서는 10주 이동평균선보다 13주 이동평균선이 일반적이므로, '13주 이동평균선보다 위쪽'을 조건으로 삼으면 될 것이다.

정리하면 손잡이 부분은 '형태가 망가지지 않을 정도의 조정이 있는 것이 이상적'이며, 이는 앞에서 설명했듯이 하락세, 12% 이내의 하락, 거래량 감소 등의 조건으로 확인할 수 있다. 손잡이 부분 자체가 내려가는 형태가 되면, 이 손잡이 전체가 조정 때처럼 마음 약한 투자가들을 털어내는 작용을 한다. 하지만 이 부분이 12% 이상 떨어지게 되면, 이는 매도수요가 그만큼 크다는 의미일 수도 있다. 그러므로 상향전환에 실패할 가능성이 커진다. 손잡이의 마지막 조정에서 거래량이 적어지는 것은 매도 압력이 그만큼 감소했음을 나타낸다.

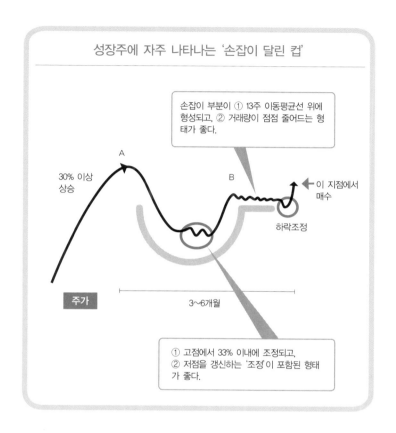

성장주에 자주 나타나는 '손잡이 달린 컵'

손잡이 부분이 ① 13주 이동평균선 위에 형성되고, ② 거래량이 점점 줄어드는 형태가 좋다.

A

30% 이상 상승

B

이 지점에서 매수

하락조정

주가

3~6개월

① 고점에서 33% 이내에 조정되고,
② 저점을 갱신하는 '조정'이 포함된 형태가 좋다.

오닐은 이상의 조건을 모두 갖춘 후에 손잡이 부분의 고가를 뚫고 오르는 움직임을 보이면 거침없이 주가가 상승한다고 말한다. 또한 이 손잡이 달린 컵 모양과 '베이스', '조정', '급등'이라는 3가지 요소가 차트를 판단하는 중요한 기준이라는 것이 기본적인 생각이다.

손잡이 달린 컵 모양이 형성되어 손잡이의 고가를 뚫고 올라가는 시점이 최적의 매수 타이밍이지만, 이후 두 번째 베이스를 형성할 때가 많아 여기에서 다시 급등할 때도 매수기회로 삼을 수 있다. 일반적으로는 첫 번째 급등에서 20% 이상 상승한 지점에서 베이스가 만들어지지만 간혹 그 이하에서 형성되기도 한다. 어느 쪽이든 좋은 매수기회임에는 분명하다. 하지만 3~4회째 베이스가 형성되면 반등에 실패할(반등하더라도 곧바로 천정을 치고 떨어질) 가능성이 점점 높아지므로 반등하면 매도기회로 삼아야 한다는 것이 오닐의 생각이다.

- 고점에서 33% 이내의 조정
- 저점을 갱신하는 조정이 포함된 형태

165페이지 도표를 보자. 고점 A보다 낮고, 손잡이의 고점 B를 넘긴 매수지점은 엄밀하게는 신고가라고 할 수는 없지만, 오닐은 이런 형태가 가장 이상적이라고 한다. 단숨에 고점 A를 뛰어넘는 형태도 좋다.

절호의 매도 타이밍을 모색한다

마지막으로 매도 타이밍에 대해 알아보자. 오닐은 저서에서 '주식을 파는 최적의 시기란 주가가 상승하고, 앞으로도 상승이 지속될 것이라고 모든 사람이 믿을 때'라고 말한다. 그리고 주식투자에 성공한 사람들의 말을 다음과 같이 인용하고 있다.

> "여전히 상승 중인 종목을 매도한 적이 여러 번 있다. 덕분에 나는 재산을 잃지 않았다. 매도해서 거액의 이익을 놓친 적도 여러 번 있었지만, 팔지 않고 가지고 있었다면 주가가 폭락할 때 그 회오리에 휘말렸을 것이다."
>
> _버나드 바르크Bernard Baruch

> "(주식시장에서 이익을 내는 비결은)결코 바닥에서 사지 말고, 한 발 빠르게 파는 것이다."
>
> _나단 로스차일드Nathan Rothschild

바르크는 20세기 전반, 로스차일드는 19세기 전반에 활약한 금융계의 전설적 인물들로, 모두 투자로 거대한 부를 축척했다. 전설적인 대부호들과 오닐은 주식의 매수시점은 저점을 분명하게 확인하고 상승세에 접어든 지점이고, 매도시점은 상승세가 지속되고 있을 때라고 말하고 있다.

오닐의 매도전략을 실행할 때 다음과 같은 원칙을 기준으로 삼았다. 다시 한 번 정리해보겠다(146페이지 참고).

① 마이너스 8%에서 손절매한다.
② 일반적으로는 20~25%에서 일단 이익을 확보한다.
③ 1~3주 동안 20% 이상 상승한 주식은 최소 8주는 보유한다.

오닐을 형성된 베이스를 탈출하고 곧바로 매수하면 대개 8%의 손절매 기준에 해당되는 일이 적으며, 만약 손절매를 하더라도 폭락에 휘말리지 않고 원활하게 매도하는 사례가 많다고 한다. 20~25%의 이익을 확보할 가능성도 높아진다고 한다. 특히 CAN-SLIM법 조건에 부합하는 종목에서는 승률이 더 높아진다. 필자 또한 이 방법을 실제 매매에서 자주 활용하기 때문에 그의 생각에 동감한다. 또 3주 이내에 20% 상승을 달성한 종목은 대부분 2~3배로 오를 수 있는 잠재성이 있으며, 이 강력한 상승은 8주 이상 지속될 때가 많기 때문에 8주 동안은 보유해야 한다는 것이 오닐의 생각이다.

8주 동안에는 당연히 등락을 거듭하는데, 10주 이동평균선을 조금 밑도는 정도까지 하락은 무시하고 보유해야 한다고 말한다. 일본에서는 주가차트에 13주 이동평균선이 첨가된 형태가 일반적이므로, '13주 이동평균선을 조금 밑도는 정도까지의 하락은 무시하고 보유한다'고 생각하면 된다. 10주 이동평균선이든 13주 이동평균선이든 큰 차이는 없다.

8주간 보유 후, 주목해야 할 매도신호

8주 이상 보유했을 때에는 곧바로 매각하거나, 매도신호가 나타날 때까지 보유할지를 선택해야 한다. 매도신호는 다음과 같다.

- 실적둔화
- 차트 상의 매도신호

두 요소가 모두 나타난다면 강력한 매도신호인 셈이다. 여기서 실적둔화는 다음과 같다.

- 예상실적의 하향수정
- 내년도 예상수익률의 대폭 축소

오닐은 내년도 예상수익률이 3분의 1 이하가 되면 경계해야 한다고 말한다. 예를 들면 40% 정도의 증가추세였던 수치가 내년도 예상이 10%로 둔화되는 것이 그렇다. 또한 오닐이 차트 상 매도신호로 중요하게 지적한 내용을 다음에 나오는 그래프로 정리했다.

클라이맥스의 정점이란 그야말로 극적인 움직임으로 상승이 지속된 이후 더욱 가속화되는 형태다. 예컨대 이미 몇 배로 상승했는데, 마지막 2주 동안 50% 혹은 1개월 만에 또다시 2배로 상승하는 형태가 전형적인 예이다. 3~4회째의 베이스 형성에 관한 내용은 앞에서 설명한 바 있다. 이 단계에서는 이미 많은 사람들이 그 종목에 자신이 있어 베이스에서 저항선을 돌파하는 것을 노리고 매수한다. 그렇기 때문에 실제로 저항선을 돌파하더라도 수익확정 매도가 빈번하게 이루어지므로, 상승은 단기간

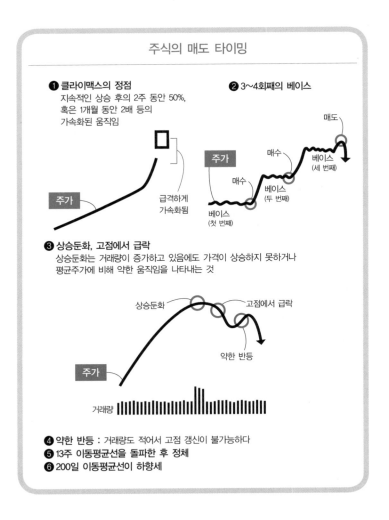

주식의 매도 타이밍

❶ 클라이맥스의 정점
지속적인 상승 후의 2주 동안 50%,
혹은 1개월 동안 2배 등의
가속화된 움직임

❷ 3~4회째의 베이스

매도

주가

매수

베이스
(세 번째)

매수

베이스
(두 번째)

주가

급격하게
가속화됨

베이스
(첫 번째)

❸ 상승둔화, 고점에서 급락
상승둔화는 거래량이 증가하고 있음에도 가격이 상승하지 못하거나
평균주가에 비해 약한 움직임을 나타내는 것

상승둔화

고점에서 급락

약한 반등

주가

거래량

❹ 약한 반등 : 거래량도 적어서 고점 갱신이 불가능하다
❺ 13주 이동평균선을 돌파한 후 정체
❻ 200일 이동평균선이 하향세

에 끝날 가능성이 높다. 또한 천정을 치고 하향세로 돌아설 수
도 있다.

천정에서 급락한 후에 반등하기도 하는데 이 또한 중요한

신호이다. 반등의 움직임이 거래량이 적어서 맥을 못 출 때에는 직전의 고점이 천정이었을 가능성이 크다. 또한 반등한 후에도 직전 저점을 밑돈다면 이미 천정을 쳤을 가능성이 훨씬 높다. 이 외에도 가격이 하락하여 13주 이동평균선을 밑돌다가 13주 이동평균선 위를 회복하지 못한 채 정체가 이어지거나, 200일 이동평균선이 하향세로 돌아서면 점차 하향세로 전환될 가능성이 커진다(오닐은 10주 이동평균선을 언급하지만, 일본은 13주 이동평균선을 일반적으로 사용한다. 이 책에서는 13주 이동평균선을 사용하는 조건으로 기술했다).

주가차트 분석의 중요성을 다시 한 번 강조하다

오닐은 경제지표적인 측면과 더불어 차트분석의 중요성도 여러 번 강조한다. 이러한 점이 이 책에 나오는 버핏 같은 투자가와 가장 큰 차이점이다. 필자 또한 차트를 참고하는 편이 훨씬 유리하다는 생각이다.

버핏처럼 경제지표적인 판단을 거의 완벽하게 할 수 있다면 주가차트는 필요 없을 수 있다. 오히려 주가차트 모양이 나빠도 버핏처럼 판단력이 뛰어나고 막대한 자금력을 갖춘 투자가가 매수하기 시작하면 수급이 원활해져 차트 모양이 좋아지는 사례도 많다. 하지만 개인투자가는 경제지표를 보고 버핏처럼 완벽에 가까운 판단을 내리기가 어렵다. 본인은 완벽하다고 생각하지만 뭔가 중요한 사항을 간과했을 가능성도 있다. 그런 까닭에 주가

차트를 보고 버핏처럼 똑똑한 큰손 투자가들의 동향을 파악해야 한다. 똑똑한 큰손 투자가들이 그 주식을 사들이면 오닐이 지적한 대로 차트모양이 좋아진다.

즉 주가차트를 살펴본다는 것은 똑똑한 큰손 투자가들의 동향을 파악하는 작업이라고 할 수 있다. 그런 의미에서 경제지표분석과 주가차트 분석을 조합한 오닐의 투자법은 개인투자가에게 가장 적합한 방법이라 할 수 있다. 필자도 자주 활용하는 방법이다.

짐 로저스에게 배우는,
밸류 앤 체인지 전략

길바닥에 돈이 떨어질 때까지 기다린다.
나는 그저 그곳에서 돈을 줍기만 하면 된다

저가 상태에서
변화가 발생하는
시점을 노린다

1942년에 태어났다. 증권회사를 거쳐 1970년, 28세 때에 조지 소로스와 함께 퀀텀펀드를 시작하여 10년 만에 40배 이상의 수익을 올렸다. 37세 때에 1,400만 달러의 부를 거머쥐고는 은퇴한다. 은퇴 후 오토바이를 타고 두 차례 세계일주 여행을 했는데, 그 여정을 《짐 로저스의 어드벤처 캐피탈리스트》에 기록하고 있다.

전 세계의 모든 것이
투자대상이다!

짐 로저스는 가장 성공한 헤지펀드로 손꼽히는 퀀텀펀드 Quantum Fund의 공동창시자 중 한 사람이다. 1970년, 28세 때에 12살 연상인 조지 소로스와 손잡고 펀드를 시작하여 은퇴할 때까지 10년 동안 연수익률 40%, 자산누계 40배 이상 증가라는 경이로운 수치를 달성했다. 소로스는 짐 로저스가 은퇴한 후에도 퀀텀펀드를 운영하여 현재 20조 원에 가까운 개인자산을 구축하여 워런 버핏과 쌍벽을 이루는 금융계의 살아있는 전설이 되었다.

헤지펀드는 공매도가 가능한 펀드를 말한다. 공매도란 주식을 가지고 있지 않은 상태에서 매도주문을 내고, 나중에 매입자에게 돌려주는 거래방식이다. 높은 가격으로 공매도를 한 다음 싼 가격으로 돌려주어 시세차익을 얻는 것이다. 이 헤지펀드는 주식뿐 아니라 세계 각국의 통화, 원유, 금, 보리 등의 상품은 물론 시장에서 거래되는 모든 것들이 매매대상이 된다.

1970년대에는 헤지펀드가 숫자나 자산금액적인 면에서 비주류로 취급받았지만, 퀀텀펀드의 성공으로 후속 펀드가 다수 출현했다. 현재는 일반적인 펀드나 연금자금 등과 함께 금융시장을 이끌고 있다. 최근에는 개인투자가도 원유, 금, 보리 등의 상품을 선물이나 ETF 등으로 손쉽게 매매할 수 있게 되었으니, 헤지펀드의 투자방식이 참고가 될 것이다.

로저스의 개인자산 상황은 현재 비공개이다. 조지 소로스에는 미치지 못하겠지만 막대한 개인자산을 구축하고 있는 것은 분명하다. 또한 소로스의 투자이론이 꽤 난해한 데 반해, 짐 로저스의 이론은 이해하기 쉬워서 일반 개인투자가가 참고로 할 만한 내용이 많다. 큰 성공을 거둔 퀀텀펀드의 핵심 투자전략도 로저스를 통해 배울 수 있다. 이번 장에서는 짐 로저스라는 인물과 그의 투자비법을 알아보기로 한다.

로저스가 퀀텀펀드를 그만둔 37세 때 그가 벌어들인 수입은 1,400만 달러에 달했다. 물가를 고려하여 현재의 돈 가치로 환산하면 수백억 원 정도의 자산규모이다. 이후에는 개인투자가로서 미국주식과 해외주식은 물론 세계 각국의 통화, 금, 원유, 보리 등 시장에서 거래할 수 있는 모든 것을 매매하여 자산을 불려왔다. 실로 다양한 투자를 해온 것이다. 하지만 로저스의 기본 투자법은 매우 단순하다.

밸류 앤 체인지
전략이란?

짐 로저스의 투자전략은 '아주 저렴한 상태에서 좋은 변화가 나타나는 대상에 투자한다'는 것이다. 저렴함Value과 변화Change라는 두 요소에 착안하여 '밸류 앤 체인지Value & Change 전략'이라고 부르는 듯하다. 이 전략은 다음의 두 단계를 거친다.

① 주가를 실적 면과 자산 면에서 살펴보고, '더 이상 떨어질 수 없을 것 같다'고 생각될 만큼 저렴한 수준에서 제자리걸음을 지속하고 있는 투자대상을 모색한다.
② 해당 투자대상을 지켜보다가 긍정적인 징후가 나타나기 시작했을 때 매수한다.

'더 이상 떨어질 수 없을 정도의 저렴한' 수준에서 매수하면 실패해도 손실은 제한적이다. 해당 투자대상이 긍정적인 변화를 일으키기 시작한다면 큰폭의 상승을 기대할 수도 있다. 즉 이 투자전략은 손실과 이익의 비율을 극대화하여 유리한 투자를 이끌어내는 전략이다.

'더 이상 떨어질 수 없는 저렴함'의 판단기준

'더 이상 떨어질 수 없는 저렴함'이라는 상태는 어떻게 판단할 수 있을까? 여기에 대해 로저스는 다음을 대상으로, 이들의 가격이나 주가가 장기적으로 침체된 상태가 지속될 때를 주목했다.

- 세상에서 필수불가결한 것
- 본래는 우수한 기업이나 국가

로저스가 투자한 대상을 구체적으로 살펴보면 다음과 같다.

- 1970년 초반의 천연가스, 석유, 금
- 1982년경의 독일주식
- 1998년경의 금, 원유, 농산물
- 2002년경의 중국주식

'세상에서 필수불가결한 것과 본래 우수한 국가나 기업'을 투자대상으로 한다는 점이 무엇보다 중요하다. 원유 등의 에너지 자원이나 금·플래티늄 같은 귀금속, 은·동·알루미늄 같은 공업용 기본소재 등은 인류에게 필수불가결한 상품이다. 우리가 살아가는 동안 수요가 지속되는 것들이다.

본래 우수한 국가란 로저스에 따르면 국민이 우수하고 자유롭고 개방적인 시장경제 국가를 말한다. 이런 점에서 독일이 그 전형적인 예라고 할 수 있다. 중국도 현재는 공산주의 국가이지만 국민의 교육열이 높고 근면하고 우수한 사람들이 많은데다가, 1978년 이후 개혁개방노선을 걷기 시작하면서 자유화와 개방화가 진행되고 있다. 그러므로 로저스가 말하는 이른바 '우수한 자본주의자'인 셈이다.

로저스는 기업을 판단하는 기준에 대해서는 자세한 설명을 하지 않는다. 다만 이 세상에서 반드시 필요로 하며, 달리 대체할 대상이 없는 기술이나 비법, 제품을 보유한 기업을 투자가치가 있는 우수한 기업으로 보면 될 것이다.

이런 상품, 국가, 기업의 가격이나 주가가 장기간 침체되어 있다면 타이밍이 잘 맞아떨어져 큰 투자기회가 올 수도 있다. 그러므로 투자대상을 주위 깊게 주시해야 한다고 로저스는 말한다. 우리 생활에 필수불가결한 물건의 가격이 침체되면 생산자 수입이 감소하므로 생산자 수가 줄어든다. 결과적으로 공급능력이 줄어든 상태에서 수요가 증가하면, 수급불균형 상태가 심각해지며 가격이 크게 상승한다.

우수한 국가나 기업의 주가가 장기적으로 침체되면, 우수한 국민이나 회사는 어떻게든 위기를 극복하려고 필사적으로 노력한다. 그러다가 노력이 성과를 내기 시작하면 주가가 몇 배로 상승할 가능성도 높아진다. 로저스는 이런 상품의 수요와 공급, 국가나 기업의 성장원리에 주목하여 투자기회를 모색했다.

단순한 역행이 아니라
전략적 역행을 하라

가격에 크게 떨어졌을 때 사서 가격이 회복될 때를 기다리는 투자법을 '역행적 투자'라 하며, 가격이 오를 때 사서 상승추세에 따라가는 투자법을 '추종적 투자'라고 한다. 앞에서 소개한 벤저민 그레이엄은 전형적인 역행적 투자가이며, 윌리엄 오닐은 전형적인 추종적 투자가이다. 필립 피셔는 추종적 투자가에 가까우며, 워런 버핏은 역행적 투자가, 피터 린치는 양쪽을 유연하게 오가는 느낌이다.

짐 로저스는 뼛속까지 역행적 투자가이다. 하지만 로저스는 그저 '가격이 떨어져서 매수'하는 단순한 역행적 투자에는 부정적이다. 상품가격과 주가라는 것은 일단 하락세에 접어들면 어디까지 떨어질지 알 수 없는 측면이 있다. 특히 장래성에 심각한 문제가 있는 회사의 주가는 몇 분의 일, 혹은 수십 분의 일까지 계속 떨어지다가 결국 도산하는 사례도 있다. 잘 알려진 친숙한 회사의 주가가 크게 하락하면 바겐세일 때 물건을 사듯 하면 무조건 이득일 것 같다. 하지만 로저스는 이런 단순한 역행적 투자는 실패할 가능성이 큰, 파산에 이르는 전형적인 패턴이라고 말한다.

가격이 계속 떨어질 때는 '이렇게 가격이 내려가는 배경에는 뭔가 중대한 이유가 있지 않을까'를 생각해봐야 한다. 그리고 가격의 하락이 일시적인지, 더 큰 하락이나 파탄을 향해가는 중인지 판단해야 한다.

또한 하락하는 움직임이 멈추었지만 큰 폭의 가격하락 상태에서 맥없이 머물고 있는 경우에도 주의해야 한다. 원래는 가치가 있는 상품이나 기업, 국가 가운데 '이 이상 크게 떨어질 수다 없다'고 판단했다면, 투자조건은 웬만큼은 갖추었다고 할 수 있다. 이런 보합상태가 5년 혹은 10년까지도 이어질 수 있다. 손해는 보지 않더라도 이익이 날 때까지 기약 없이 기다려야 하는 것도 괴로운 일이다. 이런 사태를 피하려면 '좋은 변화'를 확인한 후에 매수하는 것이 중요하다.

'단순한 역행'과 비교해 로저스가 사용하는 공매도는 '전략적 역행'이라 부르는데, 요점을 정리하면 다음과 같다.

- 하락의 배경을 신중하게 파악한 후에 한다.
- '이제 더는 크게 떨어질 수가 없다'고 판단하고 한다.
- '좋은 변화'가 나타나기 시작한 시점에 매수한다.

독일주식 투자로
몇 배의 이익을 얻은 사례

전략적 역행의 사례를 살펴보자. 짐 로저스가 1982년에 독일주식에 투자했을 때의 사례다. 이 당시 독일주식은 21년 동안이나 계속 침체되었지만, 실제 경제는 꾸준히 좋아지고 있었다. 로저스가 보기에 독일주식은 '아무리 생각해도 더는 떨어질 수가 없는' 상태였다.

그런데 이 시기에 독일주식은 왜 장기침체가 지속되고 있었을까? 미국을 비롯해 세계적으로 경제와 주가가 혼란하여 전반적으로 침체된 데다가, 당시 독일의 여당인 사회당이 주식시장을 경시하는 정책을 펴나갔기 때문이다. 하지만 이 시기의 독일에는 2가지 좋은 변화가 나타나기 시작했다. 첫째는 경기 자체가 좋아지기 시작했다는 것이며, 둘째는 주식시장 활성화를 중요시하는 야당인 기독교민주당의 지지율이 높아져서 선거에서 정권을 잡을 가능성이 커진 것이다. 로저스는 '만약 기독교민주당이 정권을 잡는다면 주가는 크게 상승할 것이다'라고 판단했다.

이러한 로저스의 예상이 빗나가 기독교민주당이 선거에서 진다면 어떻게 될까. '그렇게 되면 주가는 오르지 않을 수도 있지만 내려가지도 않을 것이다'라고 로저스는 예측했다. 경기 자체가 좋아지기 시작했으며, '더는 내려갈 수가 없다'고 생각될 만큼 저평가된 상태였기 때문이다.

결과적으로는 로저스의 예상대로 기독교민주당이 선거에서 승리했고, 동시에 주가가 급상승하여 몇 년에 걸쳐 큰 상승세를 타게 되었다. 로저스는 독일주식을 3~4년 보유하여 몇 배의 수익을 올리는 성과를 거두었다.

좋은 투자대상이 될 수 있는
국가의 조건

'투자하려면 어떤 국가가 좋을까?'에 대한 로저스의 생각을 좀 더 구체적으로 알아보자. 로저스의 가장 큰 매력은 세계 각국의 경제나 주식시장에 누구보다 정통하다는 점이다. 로저스는 젊은 시절부터 전 세계에 있는 다양한 대상에 흥미를 느꼈고, 그것에 대해 알고 싶어 했다. 이런 지적욕구를 충족시키기 위해 선택한 방법 가운데 하나가 헤지펀드였다고 한다.

세상을 알고 싶다는 욕구는 전 세계를 돌아다녀보고 싶다는 바람으로 바뀌어, 1990년에는 오토바이를 타고 세계일주를 시작한다. 당시 미국인에게는 개방되어 있지 않았던 소련 등 공산주의 국가의 입국허가를 몇 년이나 걸려 받아내는 등 상당한 노력과 고생 끝에 실현시킨 모험이었다. 2년여에 걸쳐 6대륙, 50여 개국 이상을 돌아다닌 그야말로 대장정이었다. 로저스는 그 후 1999년에도 전 세계를 도는 두 번째 모험에 나선다. 약 2년 반 동안 116개국을 다녔다. 그중에는 30개 이상의 아프리카 국가와 15개의 내전지역이 포함되어 있어, 첫 번째 여행 못지않은 대모험이었다.

로저스는 학생시절 미국의 예일대학, 영국의 옥스퍼드 대학 같은 명문학교에서 역사와 철학을 배웠다. 헤지펀드에서는 10년에 걸쳐 전 세계 다양한 투자기회를 발굴하기 위해 어마어마한 양의 책과 자료를 읽으며 공부해왔다. 그리고 4년이 조금 넘는 두 차례의 세계여행을 통해 자신의 눈으로 이 지식들을 실제로 확인한 것이다. 그 자신이 "어느 국가의 실정을 알기 위한 가장 좋은 방법은 국경선을 넘는 것이다"라고 말한 것처럼 직접 실천으로 옮겨 보여주었고, 실제로 각국 사람들과 교류하고 투자하면서 각 나라의 문화와 특성을 몸으로 이해하고 습득했다.

물론 이런 과정은 투자가인 로저스에게는 새로운 투자처를 발굴하기 위한 여행이기도 했다. 현지에서 보고 듣고 경험한 내용을 바탕으로 투자하고, 성공과 실패를 거듭하면서 국제투자 감각을 키워나갔다. 아마 세계 각국에 대한 투자에서 로저스의 판단력을 따라올 사람은 없을 것이다.

한 국가가 투자처로 유망한 나라인지를 판단하는 로저스의 기준은 앞에서 언급한 대로 국민의 우수성, 국가정책, 체제이다. 로저스는 국민의 우수성을 교육열, 일과 사업에 대한 높은 의식으로 판단한다. 즉 교육열이 높고 성실한 국민성을 가진 국가는 잠재력이 높다고 판단했다. 국가의 정책과 체제적인 면에서는 자유롭고, 다른 나라에 개방적이며, 시장원리를 중시하는 분위기를 경제발전의 중요한 요소로 꼽았다. 반면에 보호주의, 폐쇄성, 과도한 규제 등은 국가가 쇠퇴하는 원인이 된다고 말한다.

로저스는 이를 증명하는 수많은 역사적 사례를 그의 저서에 소개하고 있다. 그는 전 세계를 돌아다니면서 다양한 사람들과 교류해보면서 자유롭고 개방적인 정책과 체제가 사람들의 활동을 얼마나 활발하게 만드는지, 반대로 폐쇄적이고 보호주의적인 정책과 체제가 사람들의 활력을 어떻게 빼앗는지를 직접 체험한 것이다.

자유롭고 개방적이며 시장원리가 작용하면 경쟁과 노력이 필수적이기 때문에 의욕적인 사람들이 적극적으로 활동할 수 있는 환경이 마련된다. 반면에 의욕이 없는 사람, 특히 기득권의 이익을 지키려는 사람들에게는 힘든 상태일 것이다. 또한 의욕과 능력이 있는 사람, 기업, 국가라도 크게 실패를 하거나 침체에 빠지기도 한다. 이런 시기에 보호주의나 폐쇄주의로 돌아서지 말고 정면에서 문제와 맞서 위기를 타개하면 오히려 체질이 강화된다. 이런 현상은 역사적으로도 반복되고 있다.

창조적 파괴로 부활한 스웨덴, 보호주의를 우선하여 침체된 일본

로저스는 전형적인 사례로 1990년대 초반에 일본과 스웨덴이 동시에 부동산 거품붕괴로 경제적 위기에 빠졌던 상황을 들고 있다. 이 시기에 두 나라의 정책적 대응은 전혀 달랐으며, 이로 인한 장기적인 경제흐름의 명암도 명확하게 갈라졌다.

일본은 금융정책과 대규모의 경기부양책을 거듭하며 경쟁력이 저하된 은행과 기업을 보호했다. 당연히 문을 닫아야 할 은행이나 기업을 연명시켜 수많은 좀비은행, 좀비기업을 만들어낸 것이다. 이런 보호정책을 강력하게 추진한 결과, 경기와 주가는 일시적으로 회복하는 듯 보였다. 하지만 그 효과는 금방 사라졌고, 또다시 이를 반복했다. 더구나 이런 상황에서는 기업의 세대교체나 인재유입 등이 일어나지 않는다. 부활은커녕, 결과적으로 '잃어버린 20년'이라고 불리는 장기적인 경제침체를 초래하고 말았다.

반면에 스웨덴은 이런 보호주의를 취하지 않았다. 정부가 잘못된 경영판단으로 경영위기에 빠진 기업을 구제하지 않았기 때문에 수많은 기업의 도산과 실업이 이어졌다. 혹독한 정책으로 2~3년은 경제적인 혼란에 빠져 어려운 시기를 보냈지만, 이 기간 동안 기업의 세대교체와 인재유입이 이루어져 수많은 우수 벤처기업 등이 나타나게 되었다. 그 결과 세계적으로 손꼽히는 건전하고 강한 경제력을 갖추게 되었고, 장기적인 경제호황을 누리고 있다. 로저스는 스웨덴처럼 보호주의에 치중하지 않고, 문을 닫아야 할 기업을 애써 구제하지 않는 환경에서 경제를 재건하는 방법을 '창조적 파괴'라고 했다. 이러한 것이 바로 자본주의 경제의 역동성을 이끌어낸다고 평가한다.

한 나라의 경제상황이 어려워지면 어쩔 수 없이 보호주의와 폐쇄주의가 가장 먼저 나타난다. 경영이 힘들어진 은행이나 기업은 정부의 구제를 애타게 기다린다. 외국기업과의 경쟁을 피하기 위해 수입품의 관세를 올리거나, 외국기업이 국내에 참여하기 어렵게 만드는 폐쇄주의적인 정책에 대한 요구도 높아진다. 심지어 이민자들이 일자리를 빼앗아간다는 목소리까지 나오면서 이민을 배척하는 분위기도 확산된다. 또한 경제가 어려워지면 정부는 통화안정책을 고민한다. 통화안정책이란 자국의 통화를 싸게 파는 것으로 국가 자체를 헐값에 내놓는 정책이나 다름없다. 로저스는 역사를 되돌아보면 이런 모든 보호주의나 폐쇄주의가 국가경제를 쇠퇴하게 만드는 원인이 되었다고 지적한다.

자유화와 규제완화에 엄청난 투자기회가 있다

앞에서 다룬 로저스의 관점에서 보면 2014년 현재, 일본은 여전히 금융정책과 경기부양책에 의존하고 있다. 특히 금융정책에 대한 의존도는 더욱 높아졌으며, 무역자유화나 이민정책에 대한 강력한 저항도 지속되고 있다. 경제가 본격적인 회복에 들어서기까지는 해결할 문제가 산적해있다고 할 수 있다. 실제로 로저스는 현재 일본의 지나친 보호주의적인 경제정책을 부정적으로 평가하며, 머지않은 미래에 위기 국면에 접어들 수도 있다고 예상한다.

하지만 일본의 국민은 교육열이 높고, 국제적으로 봐도 학력이 높으며, 국민성이 성실하며, 우수하다는 점에서 잠재력이 있다고 생각한다. 그 증거로 제2차 세계대전 이후 50년 동안 세계적으로도 역사적으로도 전례 없는 경이로운 경제성장을 이루어냈다.

• 과도한 금융정책이나 경기대책 같은 보호정책에서 탈피한다.

- 규제완화와 자유화를 추진한다.
- 무역자유화와 이민정책 등 개방적인 정책을 추진한다.

이러한 정책을 취하면 몇 년 동안의 힘든 상황을 겪겠지만 일본이 본격적으로 부활할 가능성도 충분하다. 로저스 식으로 생각하면 충분히 이런 결론을 기대할 수 있으며, 필자 또한 그렇게 생각한다. 생각해보면 전후 일본이 놀라운 경제성장을 이룬 것도 패전과 재정파탄이라는 비극이 결과적으로 창조적 파괴 역할을 했기 때문이라고 볼 수 있다. 스스로 이 길을 선택할지, 어쩔 수 없이 강요받게 될지는 알 수 없지만 어쨌든 일본도 창조적 파괴라는 과정을 거쳐 크게 부활할 때가 올 것이다. 이 시기가 바로 진정한 투자기회가 될 것이다.

물론 일본도 1990년대 이후 꾸준히 변화를 추구해왔다. 휴대전화 통신사업의 자유화와 증권거래 수수료 자유화 등 국소적으로는 규제완화와 자유화를 진행하여 이 분야에서는 새로운 사업과 기업이 폭발적으로 성장했다. 여기에 투자하여 큰 수익을 거둔 사람도 많다. 규제완화와 자유화가 사람들의 의욕을 자극하여 경제를 활성화시킨다는 사실은 이미 수없이 증명되었다.

향후 일본의 의료와 농업, 고용, 인재 비지니스 등의 분야에서 규제완화와 무역자유화 등이 기대된다. 실제로 이런 규제완화, 자유화가 진전되면 해당 분야에서 큰 투자기회가 발생할 수 있다. 현명한 투자가라면 이 변화로 대박을 터뜨릴 주식이 무엇인지 잘 찾아봐야 할 것이다.

세계경제의 주축은
미국에서 아시아로 가고 있다

로저스는 일본을 제외한 아시아 전체에 대해서도 투자대상 국으로 높게 평가하고 있다. 로저스가 가장 좋아하는 나라는 중국이다. 중국은 공산주의 체제에서 오랜 세월 경제적으로 침체되어 있었지만, 1978년 당시 국가주석이었던 덩샤오핑의 주도로 개혁개방노선이 시행되었다. 그러면서 30년 이상에 걸쳐 기적적인 경제발전을 이루었다.

로저스는 중국인이 상업적인 감각을 타고 났다고 말한다. 역사적으로도 중국이 세계적으로 가장 번성했던 시기가 여러 번 있었으며, 중국이 경제를 개방하기 이전에도 전 세계에 활로를 개척하여 활약한 화교가 많았다는 점을 그 증거로 든다. 앞에서도 말했듯이 로저스는 직접 중국을 방문하여 많은 중국인과 접촉한 경험을 바탕으로 "중국인은 우수한 자본주의자다"라고 말한다. '우수한 자본주의자'로서의 능력이 공산주의 체제에서 오랜 세월 억눌려오다가 덩샤오핑의 개혁개방노선으로 단숨에 꽃피운 것이다.

1999년부터 2002년에 걸쳐 두 번째 세계일주 여행을 한 로저스는 '현재 세계에서 가장 활력 있는 나라는 중국'이라는 사실을 깨닫고, '21세기는 중국의 시대'라고 확신하여 중국주식에 투자하기 시작했다. 그 후 2008년까지 중국주식은 몇 배로 뛰어올랐다. 공산당 일당독재, 공무원 부정부패, 부동산 거품, 외환관리 등 중국이 많은 문제를 안고 있는 것은 사실이다. 이런 문제들로 말미암아 앞으로 적지 않은 혼란이 생길 것이다. 하지만 이런 과정을 거쳐 중국은 미국을 뛰어넘는 경제대국이 될 것으로 예상된다. 여전히 매력적인 투자대상인 것이다.

로저스는 중국 이외에도 싱가포르와 베트남도 높이 평가했다. 우수한 국민성과 자유화, 개방화를 향한 국가적인 노력이 고평가의 배경이다. 싱가포르는 화교 등 우수한 국민을 다수 포함하고 있고 자유화, 개방화 정책이 정착되어 있어 중국이 개혁개방노선의 모델로 삼은 나라이기도 하다. 이를 튼튼한 반석으로 삼아 현재는 아시아 굴지의 경제선진국이 되었다. 베트남은 오랜 세월 사회주의 체제에서 경제가 정체되어 있었다. 하지만 원래 국민성이 우수하고 근면하며 정부가 나서서 자유화, 개방화 노선을 추진하고 있어 앞으로 높은 성장이 기대되는 나라로 꼽히고 있다.

한편 로저스는 미국 등 서방 선진국에 대해서는 과도한 금리정책에 의지하는 '일본화'의 길을 답습하고 있다고 본다. 특히 미국은 1990년대 후반 이후, 경기가 악화되면 대담한 금융완화를 단행했고, 이로 말미암아 IT버블과 주택버블 등이 발생했다. 그럼에도 끝내 붕괴되면 또다시 강도 높은 금융완화를 실시하는 일을 반복하여 2008년에는 결국 리먼사태를 초래하는 결과를 맞이한다.

리먼사태 후에는 이전보다 더욱 강력한 금융정책을 펴서 경기를 회복시키려고 했지만, 결국 이전의 과오를 되풀이하여 상황을 더욱 악화시켰다는 것이 로저스의 견해다. 금융완화에 따른 구제정책을 취하는 대신 창조적 파괴를 촉구하는 정책을 시행했다면, 이후 몇 년 동안은 고통스러운 상황일 것이다. 하지만 결국은 더욱 건전하고 강한 경제로 거듭났을 것이라고 말한다. 로저스는 이상과 같이 미국에서 아시아로 경제의 중심축이 이동되고 있으며 이 흐름은 앞으로 더욱 가속화될 것으로 예상하고 있다.

수요와 공급의 법칙에서
거대한 전환을 예측하다

'저렴함'과 '변화'를 판단하기 위해 로저스는 '수요와 공급의 법칙'에 주목한다. 특히 상품에 투자할 때에는 수요와 공급의 법칙이 결정적인 의미가 있다고 말한다. 그 일례로 로저스는 1971년에 천연가스, 1998년경에 석유와 금에 투자하여 몇 배의 투자성과를 올린 것을 든다. 그는 이런 투자기회를 수요와 공급의 법칙에 주목한 결과 발견할 수 있었다.

1971년에 천연가스에 투자할 때에는 싸고 깨끗한 에너지인 천연가스에 대한 세계적인 수요가 증가하고 있음에도, 천연가스 공급과 비축량이 사상 최저 수준이라는 사실을 발견했다. 그 당시 천연가스 수급이 낮았던 까닭은 천연가스 가격이 매우 낮은 수준으로 규제되어 있었기 때문이다. 생산자 쪽에서는 채산을 맞추기 힘들어서 가스전 채굴 등이 오랫동안 이루어지지 않은 것이다.

　로저스가 천연가스 파이프라인을 운영하는 회사를 방문했을 때에는 천연가스 가격이 지나치게 낮은데다가, 공급과 비축이 적어서 사업을 유지하기조차 힘든 상황이었다. 실제로 도산하는 기업도 속출해서 업계 자체가 붕괴 직전이었다. 하지만 로저스는 세계적으로 천연가스 수요가 늘고 있었으며, 정부도 이런 규제를 유지할 수 없는 변화의 시점에 근접했다고 판단했다. 실제로 그 후 천연가스 가격을 규제하는 정책은 한계에 부딪혔고, 수요와 공급의 법칙에 따라 천연가스 가격은 크게 상승했다.

　1998년 즈음에 가격이 낮았던 금과 원유에 투자한 것도 비슷하다. 신흥국의 발전으로 이들 국가의 수요가 증가하고 있음에도 오랜 시장침체의 영향으로 공급체제가 약해져, 언제든 가격이 급격하게 상승할 수 있는 조건을 갖추고 있다고 판단한 것이다. 실제로 이때부터 금은 5배, 원유는 10배로 가격이 뛰어올랐다. 가격이 상승함에 따라 이들 자원을 채굴·정제하는 사업도 채산성이 좋아져, 금광과 유전 개발이 활발하게 이루어지면서 공급이 증가했다.

또 하나의 큰 흐름,
금융에서 농업으로

로저스가 다가오는 2020년대에 가장 주목한 자원은 농산물이다. 특히 보리, 대두, 옥수수 등 기본적인 농산물에 주목하고 있다. 이 상품들의 가격은 1990년대 후반까지 장기간의 침체가 이어지다가 2000년대에 상승했다. 하지만 수요와 공급의 법칙을 생각하면 앞으로 더 상승할 가능성이 크다고 로저스는 보고 있다. 그럴 것이 세계적으로 식량수요가 증가하는 추세인데 반해, 농산물 공급이 압도적으로 적은 상황이기 때문이다. 그래서 2000년대 이후에 자원산업이 융성해졌듯이, 앞으로는 농업산업이 크게 발전될 것이라고 말하는 것이다.

로저스는 2020년대로 이어질 경제의 큰 흐름으로 '미국에서 아시아'라는 경제중심의 이동을 말했다. 이와 함께 '금융에서 농업으로'라는 흐름도 예상하고 있다. 2008년의 리먼사태가 발생하기 전까지는 금융산업의 최전성기였다. 경제계뿐만 아니라 정계에도 금융업계가 절대적인 영향력을 행사했다.

이런 상황에서 우수한 인재가 끊임없이 금융업계로 유입되었다. 그 현상의 하나로 미국의 MBA 취득자가 이전에는 1.5만 명 정도였던 것이 20만 명 전후까지 증가한 것을 들 수 있다. 야심 있는 젊은 인재 대부분이 금융업계를 지망했고, 이 분야에서 성공하기 위해 MBA를 취득했기 때문이다. 하지만 1990년대 이후 선진국의 거듭된 금융완화에 따라 시중에는 돈이 넘쳐났다.

여기에 금융업체에 종사하는 인재도 포화상태에 도달했다. 수요와 공급 법칙을 생각하면 금융의 가치와 힘이 하락하는 추세였다. 이 자리를 대신하여 앞으로 밝은 전망이 예상되는 분야가 농업이었다.

이런 배경 때문에 로저스는 2020년대에 크게 발전할 것으로 예상되는 상품으로 농산물을, 기업은 농업 관련 기업을 주목한다고 말한다. 그는 야심 있는 젊은이들에게 "앞으로는 금융이 아닌 농업 산업을 지망해야 한다"고 조언한다.

개인투자가를 위한
짐 로저스의 조언

로저스는 그의 저서에서 개인투자가에게 다음과 같이 조언하고 있다.

- 자신이 잘 아는 분야를 철저하게 공부하고 조사해서 그 분야를 투자대상으로 삼을 것
- 향후 10년 정도의 큰 흐름을 생각하여 투자할 것
- 길가에 떨어진 돈을 줍는 정도로 쉽고 확실하다고 생각하는 기회를 기다려 투자할 것

이 항목들은 모두 버핏과 공통된 생각이다. "길가에 떨어진 돈을 줍는다"는 표현은 로저스의 독특한 비유이다. 너무 성급

하게 사고 팔려하지 말고, 꼼꼼하게 조사하고 생각하여 정말 좋은 기회가 올 때를 참을성 있게 기다리라는 뜻이다. 그는 구체적으로 "자신의 인생을 통틀어 25번만 투자한다고 생각하라"고 말한다.

투자방식은 사람마다 다르다. 장기적인 방법이 맞는 사람이 있듯이, 단기적으로 빈번하게 매매하는 방법이 성격에 맞는 사람도 분명 있을 것이다. 어느 쪽이든 자신에게 맞는 방식을 선택하면 된다. 하지만 단기투자가든 장기투자가든 '길가에 떨어진 돈을 줍는' 정도로 손실과 이익의 비율이 유리한 투자기회를 찾는 것이 가장 중요하다는 사실만은 분명하다.

케인스 · 템플턴 · 네프 · 고레카와 긴조에게 배우는, 성장성과 저렴함을 판단하는 법

PER과 성장률의 관계,
글로벌한 시점이란?

4명의 투자고수에게 성장성과 저렴함을 판단하는 비법을 배운다

1~6장에서 벤저민 그레이엄, 필립 피셔, 워런 버핏, 피터 린치, 윌리엄 오닐, 짐 로저스의 투자법을 배웠다. 전체적으로 되짚어보면 공통적으로 '성장성'과 '저렴함'이 강조되고 있음을 알 수 있다. 이 두 항목이 주식투자에서 가장 중요한 핵심이라고 해도 좋을 것이다. 짐 로저스는 투자의 비결을 "가치와 변화에 주목하라"고 말했는데, 이 중에서 특히 중요한 것이 성장성을 확인할 수 있는 변화이다.

이번 장에서는 성장성과 저렴함을 판단하는 비법을 알아보기 위해, 또 다른 투자고수들의 실천사례와 투자법을 살펴보기로 한다. 존 케인스에게는 다시 한 번 버핏식 투자의 효율성을, 존 템플턴에게는 글로벌한 관점의 중요성을, 존 네프에게는 성장성과 PER의 관계를 배워본다. 마지막으로 고레카와 긴조에게는 투자가로서 공부하고, 조사하고, 분석하는 자세의 중요성을 배운다.

초우량주를
초저가에 사서
장기보유한다

1883년에 태어나서 1946년에 세상을 떠났다. 영국의 세계적인 경제학자였지만 투자가로도 유명하다. 젊은 시절 외환투자로 자신의 전 재산은 물론 친형제의 돈까지 모두 잃은 경험을 바탕으로 독자적인 주식투자 이론을 만들어냈다. 최종적으로는 버핏에 근접한 투자법에 도달하여 결국 억만장자가 된다. 주요 저서는 《고용, 이자 및 화폐의 일반이론》이 있다.

20세기를 대표하는 위대한 경제학자는
위대한 투자가이기도 했다

경기가 나빠지면 정부가 공공사업 등 지출을 크게 하는 경제대책을 내놓을 때가 있다. 이런 정책은 20세기 전반에 활약한 영국의 경제학자 케인스가 제창한 것으로 '케인스 정책'이라고도 부른다. 이 정책이 경기가 악화되었을 때 응급조치로 매우 효과적이라는 사실은 잘 알려져 있다. 2008년에 발생했던 리먼사태에서 세계경제가 비교적 빨리 회복할 수 있었던 것도 케인스 정책을 효과적으로 활용했기 때문이라고 평가한다. 이처럼 케인스는 20세기 이후 세계적으로 가장 큰 영향력을 행사한 경제학자 가운데 한 사람이었다. 또한 투자가로도 큰 성공을 거둔 인물이다.

케인스는 1919년, 36세 때에 본격적으로 투자를 시작하여 1946년 62세로 세상을 떠날 당시의 자산이 40만 파운드 이상이었다고 한다. 현재가치로 환산하면 수백억 원 정도가 된다. 또한 체스트 펀드라고 하는 케임브리지 대학의 자금운용도 담당했다. 이 펀드는 1928년부터 1945년까지 18년 동안 평균 연수익률 13.2%, 통산 8배 수익이라는 실적을 거두었다. 이 기간 동안 세계공황과 제2차 세계대전 등이 발생했으며, 당시 영국 증권시장 평균 연수익률은 −0.5%였다. 이런 상황을 고려하면 경이적인 성적이라고 할 수 있다.

세계공황의 절정이었던 1930년부터 1931년에 걸쳐서는 자산이 약 50% 줄었고, 제2차 세계대전이 시작되기 직전인 1938년에도 자산이 약 40% 줄었다. 이렇게 금융위기와 정세불안 등의 혼란한 시기에는 상당히 고생을 했지만, 결국은 위기를 극복하고 큰 성과를 올리는 데 성공했다.

젊은 시절의 투기실패로 얻은 '단기매매 비법'

케인스는 젊은 시절 도박을 즐겼다고 한다. 여행지였던 몬테카를로의 카지노에서는 여비를 다 잃어 친구에게 돈을 빌렸다는 일화도 있다. 본격적으로 투자를 시작한 1919년에는 자신의 전문분야인 거시경제 분석을 활용하여 통화거래(요즘 말하는 FX)를 시도한다. 케인스는 미국경제와 독일경제의 경제지표를 통해 달러가 상승하고 당시 독일 통화였던 마르크가 하락할 것이라고 확신한다. 그래서 '달러 매수, 마르크 매도'라는 방침으로 통화거래를 했다.

케인스의 예상은 들어맞아 달러는 크게 상승하고 마르크는 하락했다. 하지만 케인스는 파산 직전에 몰릴 만큼 큰 실패를 하고 말았다. 자기자금 몇 배에 달하는 금액의 차입금으로 거래를 했기 때문에 외환시장이 일시적으로 '달러 약세, 마르크 강세'로 돌아왔을 때, 갑자기 궁지에 몰리게 된 것이다. '큰 흐름을 예측했음에도 크게 손실을 본' 쓰라린 경험을 맛본 것이다.

이런 경험을 통해 케인스는 '증시는 장기적으로는 경제지표에 따라 움직이지만, 단기적으로는 심리적 요인의 영향으로 경제지표와는 동떨어진 움직임을 보인다'는 사실을 깨닫는다. 그리고 단기매매로 돈을 벌려면 '1개월 후에 투자가들의 심리상태가 어떻게 변할지'를 예측하며 매매해야 한다는 결론을 내린다.

이것이 유명한 케인스의 '미인투표론'이다. '미인선발 대회에서 우승할 후보에게 투표한 사람은 상금을 받는다'는 행사를 주최한다고 할 때 사람들은 누구를 선택할까? 상금을 받으려면 자신이 미인이라고 생각하는 사람에게 투표하지 않고, 다른 사람들의 심리를 읽어 다수의 사람들이 선택할 것 같은 후보에게 투표할 것이다. 주식시장도 이와 마찬가지라는 이론이다. 이런 주식시장의 성질을 간파한 케인스는 종전의 '경제와 기업의 실태분석'을 바탕으로, '주식시장의 심리를 예측'하는 데도 주력하여 단기매매에 대해 심도 깊게 연구했다.

케인스의
투자 3원칙

케인스는 단기매매로 자산을 축척했지만 자산액이 증가하면서 좀 더 여유롭게 투자하는 방법을 모색한다. 이를테면 경기주기를 이용하는 방법 등에 열을 올렸다. 전문분야인 거시경제의 지식을 살려 경기의 흐름을 예상하고, 이를 바탕으로 적절한 타이밍에 주식을 매매한다는 생각이었다. 하지만 아무리 케인스라고 해도 경기주기의 전환점을 읽어내기란 쉽지 않다. 실제로 이 투자법을 활용한 자산운용의 결과는 썩 좋지 않지 않았다고 한다.

케인스가 최종적으로 도달한 투자법은 '탁월한 수익성과 성장성을 갖춘 초우량기업을 찾아내어, 그 주식을 가장 저렴한 시점에 사서 장기보유한다'는 것이었다. 버핏의 투자법과 거의 일치한다. 케인스는 버핏보다 한 발 앞서 동일한 투자법에 도달했던 것이다. 케인스는 어느 정도 규모가 커진 개인자산과 체스트펀드 모두, 이 투자법을 활용하여 성공했다고 한다. 케인스는 만년에 친구들에게 쓴 편지에서 '내 투자의 성공은 개별주를 선택하는 능력 덕분이었다'고 하면서, 여러 번의 시행착오 끝에 다음

3가지 투자원칙에 도달했다고 말했다.

① 성장성이 높고, 본래 가치에서 볼 때 상대적으로 저렴하다고 생각되는 소수의 우수한 주식을 주의 깊게 선별한다.
② 예상이 틀렸음이 증명될 때까지는 증시상황이 좋든 나쁘든 흔들리지 말고 계속 보유한다.
③ 포트폴리오는 동일한 성질과 위험이 있는 종목에 치중하지 말고, 반대되는 성격과 위험이 있는 종목을 조합하여 균형을 맞춘다

매우 불안정하여 한 치 앞도 알 수 없는 불투명한 경제상황을 겪은 케인스와 고속성장기의 경제상황에 있었던 버핏, 이 두 천재가 정반대의 경제상황에서 얻는 결론이 거의 동일하다는 것이 무척 흥미롭다.

전 세계를 투자대상 삼아
저렴한 우량주에
투자한다

1912년에 태어나 2008년에 세상을 떠났다. 19세 때부터 투자훈련을 시작하여 42세에 자신의 펀드를 설립한다. 이후 40년 동안 우수한 실적을 연이어 기록하며 세계적인 부호가 된다. 1970년경부터 일본 주식에 본격적으로 투자하여 투자인생 최대 수익을 거둔다. 1986년경에는 운용의 중심을 일본주식에서 중국주식으로 옮겨서 이 또한 큰 성공을 거둔다.

국제투자의 선구자, 고도성장기
일본주식에 투자하여 성공하다!

존 템플턴은 전 세계 주식시장을 분석하여 저렴한 시장을 선별하고, 상대적으로 저렴한 우량주에 투자하는 방법으로 성공한 투자가이다. 그는 '정말 경쟁력이 있고 가치가 있는 기업은 어딘가?' 그리고 '상대적으로 저평가된 주식은 무엇인가?'에 집중했다. 템플턴은 이를 판단하기 위해서는 세계 각국의 경제와 기업의 움직임을 조사하고, 이 자료를 비교해야 한다고 생각했다. 또한 마음에 드는 투자대상을 발견하면 해외 주식도 적극적으로 조사하고 매수했다.

또한 템플턴은 2년 7개월에 걸쳐 세계 35개국을 여행하기도 했다. 전 세계를 돌며 저평가된 주식발굴에 나선 것이다. 개별종목으로는 사업내용과 이전까지의 실적 등을 알아보았다. 그래서 향후 5년 정도는 건재하다고 예상되는 우량주를 선택하여 'PER 한 자릿수', 'PBR 1배 이하' 등의 기준으로 저렴함을 판단하여 투자했다. 주식을 보유하는 기간은 4~5년이었다고 한다.

템플턴은 1954년부터 40년 동안 이런 방법으로 펀드를 운용하여 우수한 실적을 올렸다. 대표적인 성공사례가 고도성장기의 일본주식 투자였다. 당시 일본주식은 성장성이 높은데도 저가로 방치되어 있었다.

PER 한 자릿수에 매수해,
PER 30배에 판다

템플턴은 제2차 세계대전 이후 계속 일본주식에 주목했는데, 특히 1970년대에 들어서면서 일본주식에 집중적으로 투자하기 시작했고, 절정기에는 운용자금 절반 이상을 일본주식에 쏟아붓는다. 템플턴이 집중적으로 일본주식을 시작할 즈음에는 유명 종목의 PER이 불과 한 자릿수에서 머물고 있었다. 당시 폭발적인 성장세에 있었던 이토요카도伊藤羊華堂, 일본 대표 유통업체의 PER은 약 3배였다고 한다. 이런 PER 한 자릿수의 유망주를 템플턴은 빠짐없이 사들인 것이다.

이후 일본주식은 사상 최대 상승세를 그렸다. 닛케이 평균은

1970년경 2,000엔 정도였지만 1980년에 7,000엔, 1984년에는 1만 엔을 돌파하였다. 템플턴이 PER 한 자릿수에서 사들인 주식 가운데에서 30배 정도로 뛰어오른 것들이 나타나기 시작했다. 그는 이런 주식들을 서서히 매각해갔다. 닛케이 평균이 1만 8,000엔 대에 접어든 1986년에는 일본주식 전반에서 저평가된 느낌이 사라졌다고 판단하여 주식 전부를 매각했다.

전 세계를 돌아보고 저평가 상태인지, 버블 상태인지를 파악한다

템플턴이 일본주식에서 손을 뗀 후에도 닛케이 평균은 계속 상승한다. 1989년에는 4만 엔 가까이 올랐지만, 버블이라는 사실은 나중에 알게 된다. 템플턴은 버블증시를 매우 경계했다. 닛케이 평균 2만 엔을 넘어선 후부터 유심하게 관찰하다가 닛케이 평균이 3만 엔으로 들어선 1988년에는, "일본주식은 향후 이 절반으로 떨어질 것이다"라고 예상했다. 그다음 해에는 닛케이 평균이 4만 엔 근처까지 치솟아 템플턴의 예상은 크게 빗나간 듯 보였지만, 지금 생각하면 실로 예리한 판단이었다고 할 수 있다. 2014년 현재까지도 닛케이 평균이 2만 엔을 넘지 않는 상태가 계속되고 있으니 말이다.

1986년에 일본주식을 모두 매각한 템플턴은 자금을 미국주식에 투자하여 이 또한 대성공을 거두었다. 그즈음 뉴욕 다우는 1,700달러 전후였지만 그로부터 10년 후인 1996년에는 그 3배인

5,000달러 대로, 1999년에는 1만 달러를 돌파하여 2014년에는 1만 7,000달러에 도달했다. 템플턴의 투자판단이 얼마나 정확했는지를 잘 알 수 있다. 템플턴은 큰 흐름과 전환점을 정확하게 짚어내어 성공을 이어나갔는데, 이는 그가 전 세계 경제와 주식을 유심히 관찰했기 때문에 가능했던 성과였다.

최근에는 미국주식, 중국주식 등의 정보도 쉽게 구할 수 있고 매매도 하기 쉬워졌다. 개인투자가도 아무쪼록 세계의 주식시장을 돌아보고 투자를 검토하는 넓은 시야를 익히기 바란다. 특히 경제와 금융의 세계화가 진전된 현대에 들어서는 템플턴이 살았던 시대보다 이런 세계적 시야가 더욱 중요해졌다. 국내 주식에만 투자하더라도 전 세계의 경제와 주식의 움직임을 주시하는 자세가 필수적인 시대가 되었다.

일부러 고성장주를 피해
안정성장주를 적정가격의
반값에 산다

1931년에 태어났다. 31년 동안 윈저 펀드를 운용하여 누계 56배의 투자실적을 올렸다. 펀드 규모는 약 150배로 늘어났다. 급격한 변동을 보이는 주식은 쳐다보지도 않으며 경영기반이 튼튼하고 안정성 장력이 높은 주식에만 고집스럽게 투자했다. 절대적 안정성을 추구하며 펀드를 운용한 것이 특징이 다. 투자전문가들에게 더욱 존경받는 '진정한 전문가'로 칭송받고 있다.

자신만의 적정주가를 계산하여
절반가격을 기준으로 매수한다

존 네프는 31년 동안 펀드를 운용하여 누계 56배라는 투자 실적을 올린 미국의 대표 펀드매니저 중 한 사람이다. 현역 시 절에는 투자전문가들이 뽑은 '자산을 맡기고 싶은 사람' 1위에 오를 정도였다. 네프는 전문가에게 존경을 받는 '진정한 전문 가'다.

네프의 투자기법은 PER, 배당수익, 성장성이라는 모든 부분 을 꼼꼼하게 분석하여 '예상 수익이 높은 우량주를 저렴한 수준 에서 산다'는 기준을 충실히 실천하는 아주 간단한 방법이다. 네프는 저평가된 주식을 판단할 때 다음의 공식을 사용했다.

적정PER=이익성장률＋배당이율

*이익성장률과 배당이율의 '%'를 '배'로 바꾸어 생각한다. 이익성장률은 영업
이익이나 경상이익의 성장률로 생각하면 된다.

앞의 공식으로 계산하여 산출되는 적정PER의 주가수준보다 훨씬 저렴한 가격, 가능하다면 절반 정도의 가격에서 매수한다는 방침이다. 예를 들면 이익성장률이 28%이고, 배당이율이 2%라면 적정PER은 30배가 된다. 그렇다면 주가가 PER 15배 정도일 때 매수하는 것을 기준으로 삼는다는 것이다. 또한 배당이율이 높지 않을 때에는 다음처럼 단순하게 생각하면 된다.

적정PER=이익성장률

성장주 투자에서 PER을 활용하는 방법

몇 년 동안의 이익성장과 PER의 관계에 대해 좀 더 자세히 알아보자. 예컨대 몇 년 후에 이익이 2배가 되는 사례를 생각해보자. 현재 주당이익이 1,000원이라고 하면, 몇 년 후에는 2,000원이 된다는 계산이 나온다. 표준적인 PER이 15배 정도일 때 주당이익이 2,000원 정도가 될 것 같다고 하자. 그렇다면 이 회사의

주가는 주당이익 2,000원이 될 것을 미리 예측하여 '2,000원×15배=30,000원'으로 평가해도 좋다는 것이다. 이는 현재의 주당이익 1,000원에서 보면 PER 30배라는 계산이 나온다. 즉 이익이 2배가 될 것 같다면, PER도 표준적인 수준의 2배 정도로 평가해도 좋다는 뜻이다.

마찬가지로 이익이 몇 년 후에 3배가 된다면 PER도 표준적인 수준의 3배로, 이익이 4배가 된다면 PER도 표준적 수준의 4배가 되는 식으로 생각할 수 있다. 이를 정리하면 다음과 같다.

이익이 2배가 되면 → 적정PER은 30배(15배×2)

이익이 3배가 되면 → 적정PER은 45배(15배×3)

이익이 4배가 되면 → 적정PER은 60배(15배×4)

이익이 5배가 되면 → 적정PER은 75배(15배×5)

이를 전제로 이번에는 연간성장률과 PER의 관계에 대해 생각해보자. 예컨대 이익이 연 30% 수준으로 3년 동안 증가하면 이익은 다음과 같다.

1.3×1.3×1.3≒2.2배

대략 정리하면 연평균 30%의 이익성장을 3년 지속하면 이익은 약 2배 정도가 된다. 이렇게 예상된다면 이 회사의 PER은 표준적인 수준인 15배의 2배, 즉 30배로 생각할 수 있다. 동일하게 계산하면 이익성장률 40%가 3년 지속되는 경우 적정PER은 약 40배, 이익성장률 50%가 3년 지속되는 경우 적정PER은 약 50배로 계산할 수 있다. 대개 성장률 100%까지 '이익성장률=타당PER'로 계산할 수 있다. 이것이 존 네프의 적정PER 공식의 근거인 듯하다. 하지만 30%보다 성장률이 낮은 경우, 이 관계가 반드시 성립하지는 않는다.

5% 성장이 3년 이상 지속되면 → PER 17배

10% 성장이 3년 이상 지속되면 → PER 20배

15% 성장이 3년 이상 지속되면 → PER 23배

20% 성장이 3년 이상 지속되면 → PER 26배

그러므로 30% 이상의 고성장기업이라면 '이익성장률=적정PER'이라는 공식을 사용하고, 성장률이 그 이하인 경우에는 앞의 공식에 대응하면 될 것이다. 여기에 배당이익률이 몇 % 정도된다면, 이를 PER에 덧붙여 생각할 수도 있다. 예를 들면 이익성장률 15%가 3년 이상 지속될 것으로 예상되고 배당이익률이 3%라면, PER은 23+3=26배로 생각할 수 있다.

배당이라는 것은 성장투자에 돈을 사용하는 대신 투자가에게 직접적으로 환원하는 금액이다. 즉 성장률과 배당이익률은 트레이드오프Trade Off 관계에 있다. 트레이드오프는 어느 한쪽이 증가하면 그만큼 다른 한쪽이 줄어드는 관계이다. 이 두 가지를 합한 것이 해당 주식의 투자가치가 된다고 생각하면 이 공식이 쉽게 이해될 것이다. 이 책에서는 이것을 합해서 '네프의 공식'이라고 부른다. 이상의 내용은 일반적으로 알려진 네프의 이론에 필자의 개인적인 의견을 덧붙인 것이다. 아마 네프도 주식을 매매할 때 이 방법으로 따져보지 않았을까 추측한다.

네프가 자신의 공식을 활용해 성공한 사례를 살펴보자. 네프는 1994년 인텔주식을 매수했는데, 당시 인텔은 15% 정도의 이익성장이 지속되고 있었음에도 PER은 8배 정도였다. 컴퓨터의 두뇌 부분에 해당하는 CPU 반도체를 생산하는 선두기업으로 입지를 구축해가던 중이었다. 컴퓨터가 기업과 가정에 본격적으로 보급되던 시기였기 때문에 인텔의 폭발적인 성장은 향후 3년은 물론 5년, 10년도 충분히 이어질 것으로 예상되는 상황이었다.

당시 인텔은 배당이 거의 제로였다. 네프의 계산식에 대입하면 적정PER은 23배이다. 이를 기준으로 따져보면 PER 8배라는 수치는 적정주가의 3분의 1 정도로 저평가된 가격인 셈이다. 실제로 네프가 주식을 매수하고 1년 후에 인텔의 주가는 2배로 상승했고, 얼마 후에는 3배, 5년 후에는 약 10배로 뛰어올랐다.

인텔의 주가가 3배 이상 계속 상승할 수 있었던 것은 15% 이상의 이익성장이 3년보다 훨씬 오래 지속되었기 때문이다. 앞에서 '성장이 3년 이상 지속되면'이라는 전제는, 일반적으로 투자가들이 구체적으로 예측하여 투자판단을 하는 기간이 보통 3년

남짓이기 때문이다. 애널리스트 보고서 등에서도 향후 3년 정도까지 예측하는 것이 보편적이다.

하지만 3년이라는 기간에 연연하지 말고 2년이든 5년이든 이익이 몇 배로 상승할지가 예측가능하다면, 이를 바탕으로 적정PER을 따져보면 될 것이다. 기본적으로는 앞에서 정리한 것처럼 '몇 년 안에 이익이 2배로 상승하면 PER 30배, 이익이 3배라면 PER 45배…'라는 식으로 성장주의 적정PER을 계산하면 될 것이다.

성장률 20% 이상의 주식을 피하는 까닭은 무엇인가?

네프의 투자방침 중 '성장률이 너무 높은 종목을 피한다'는 항목이 있다. 그는 성장률이 20%를 넘는 종목은 원칙적으로 투자대상에서 제외시켰다. 이는 '성장률이 지나치게 높은 회사는 경영이 불안정해질 가능성이 높으며, 주가도 급등락을 거듭할 확률이 크다'고 보기 때문이다. 이는 그레이엄도 지적한 바 있다. 실제로 매년 20%를 넘는 성장을 지속하기란 무척 힘들다. 오히려 이로 인해 인재육성이나 경영관리 등에서 허점이 생길 가능성이 높아진다. 반면에 20% 이하의 비교적 안정적인 성장이라면, 큰 어려움 없이 성장을 지속할 수 있다.

네프는 고성장주 투자에 대해, 고성장주는 PER이 높은 경우가 대부분이며 고성장·고PER 종목은 대체로 주가변동이 크다고 지적한다. 이 부분에 관해서는 1장에서 살펴보았다. 예를 통해 이익성장률 30%이고 PER 30배인 주식이 이익을 10%만 하향조정해도, 주가가 60% 이상 하락할 수 있는 가능성을 살펴보았다.

이처럼 고PER인 성장주의 실적이 악화되면 주당이익 저하와 PER 저하가 동시에 발생해, 두 항목을 곱한 만큼 큰 폭으로 떨어진다. 그렇다면 '성장률 20%'인 주식과 '성장률이 10%이고 배당이율이 5%'인 주식이라면 어떻게 해야 할까?

네프의 공식에서 검토한 사례들은 모두 적정PER이 25~26배 정도이고, 주가는 이 절반 정도로 저평가된 가격이라면 '매수'한다고 말했다. 실제로 네프는 후자의 방법을 더 선호했다. 후자 쪽이 성장률이 낮으므로 이익이 부풀려졌을 가능성이 적고, 배당으로 확실하게 손에 들어올 수 있는 부분이 있기 때문이다. 네프의 투자기법은 매우 신중해서 확실성과 착실함을 동시에 추구하고 있다.

정리하면 네프는 착실하고 지속적인 성장력을 보유한 기업을 투자대상으로 삼았다. 이는 과거의 이익성장 실적에 덧붙여 다음의 항목으로 판단한다.

- 재무체질이 건전하고 업계평균 이상의 ROE
- 경영자의 유능함
- 제품과 서비스에 매력이 있어야 함
- 조만간 제품의 시장확대가 예상됨

각 항목에 대한 핵심내용은 벤저민 그레이엄, 필립 피셔, 워런 버핏, 피터 린치, 윌리엄 오닐 등의 장에서 여러 번 언급했으므로 여기에서 다시 언급하지는 않겠다. 이상의 조건을 모두 갖추고 '10~20% 정도의 안정된 성장력을 기대할 수 있으며, PER은 10배 정도이거나 그 이하인 주식'이 네프가 투자대상으로 삼은 주식이다.

물론 맹렬하게 대기업으로 성장해가는 진주 같은 고성장 기업이 존재하는 것도 사실이다. 이런 종목을 예리하게 가려낼 수 있다면 어마어마한 투자성과를 올릴 것이다. 이 비법은 오닐의 장에서 설명했는데, 이 투자법은 그만큼 리스크가 크다. 어떤 방법으로 투자할지 혹은 양쪽의 투자전략을 유연하게 조합할지는 투자가가 고민하고 선택할 몫이다.

일과 취미에서
얻은 지식을 활용하고,
철저히 조사하여 투자한다

1897년에 태어났다. 유년시절부터 실업가를 꿈꾸지만 1927년 일본의 금융공황으로 좌절을 겪은 후 3년 동안 독학으로 경제공부에 매달렸고 이후 주식투자를 시작한다. 1981년에는 스미토모 금속광산 주식에 투자하여 2,000억 원의 이익을 올려 일본 최고의 부자에 오른다. 이 수익의 대부분을 장학재단에 기부했다. 그가 남긴 유일한 자서전 《일본주식시장의 신 고레카와 긴조》는 여전히 많은 사람들이 찾는 베스트셀러이다.

일본주식시장의 신,
고레카와 긴조는 누구인가?

고레가와 긴조는 '고레긴'이라는 애칭으로 잘 알려져 있으며, 1992년 95세의 나이에 세상을 떠날 때까지 활약한 일본을 대표하는 투자가이다. 그의 성공사례를 소개하면 일본시멘트(현재 태평양시멘트)에 투자하여 300억 원의 수익을 올렸고, 스미토모 금속광산에 투자하여 2,000억 원의 수익을 올리는 등 일일이 열거할 수도 없다.

일반적으로 고레카와는 '일본증시의 승부사'라는 이미지가 있지만 실상은 이와는 많이 달랐던 것 같다. 그는 매우 정의감이 넘치는 자선가였고, 도덕적이지 못한 방법으로 돈벌이를 하는 행위를 강하게 비난했다. 자신이 주식으로 벌어들인 대부분의 돈을 장학재단에 기부했고, 최소한의 필요한 자산만 남겨두고는 조용히 말년을 보내다가 세상을 떠났다.

또한 그는 노력과 상상력, 그리고 행동력이 있는 사람이었다. 항상 진지한 자세로 공부하고 다양한 아이디어를 생각해냈다. 흥미를 느끼는 종목을 발견하면 직접 확인하기 위한 행동에 곧바로 돌입했다.

경제공부에 매달렸던 노력이
대성공의 반석이 되다

고레카와의 투자법은 '경제동향을 간파하는 것'이 핵심이다. 그런 의미에서 성공의 출발점은 30대 전반, 1930년 전후였다고 할 수 있다. 젊은 시절부터 사업에 열중했지만 이즈음 일본에서 발생한 금융공황에 휘말려 그의 회사는 문을 닫고 만다. 거품붕괴 이후보다 훨씬 가혹한 디플레이션과 금융공황을 맞은 것이다.

고레카와는 인생을 다시 시작해야 하는 위기를 맞았다. 그래서 무엇보다 경제학을 철저하게 공부해서 경제의 흐름을 읽어야겠다고 생각했다. 자신을 파산시킨 금융공황이 도대체 무엇인지, 그리고 앞으로 어떤 사회가 도래할지 자신의 머리로 정리하기 전까지는 사업을 재개해도 치명적인 실패를 거듭할지 모른다는 생각이 머리를 떠나지 않았다. 그는 매일 도서관에서 모든 경제 관련 서적을 뒤지고 자료를 조사하고 분석하며 시간을 보냈다.

철저히 자료를 분석하여
경제흐름을 읽는다

이렇게 3년 동안의 공부를 통해 고레카와가 얻은 결론은 '경제는 파동처럼 변화한다'는 사실이었다. 경제는 증기기관차나 철도 등 새로운 기술이 출현하면 새로운 상황으로 이행되려 한다. 이때 타격을 받는 산업이 있어 혼란이 일어나지만, 결국은 큰 상승선을 그리기 시작한다. 경제는 상승과 하락을 반복하면서 발전해가는 것이다.

고레카와가 경험한 1927년 일본의 금융공황도 그야말로 이런 혼란 속에서 벌어진 하나의 현상이었다. 경제는 최악의 상황에서 회복의 조짐이 싹트기 시작하고, 상승의 정점에서 하향으로 전환될 조짐이 나타난다. 이런 조짐을 한 발 빨리 알아차리는 능력이 사업과 주식에서 성공하는 비결이었다. 그래서 고레카와는 자료분석을 무엇보다 중시했다.

일례로 고레카와는 1933년 4월에 미국이 금본위제(통화가치를 금의 가치에 연계하는 화폐제도)를 폐지할 것이라고 예상했는데, 얼마 후 정말 그의 말이 적중했다. 그는 경제규모가 커지면 제도를 유지하기가 어려워질 것이라고 생각한 것이다. 또한 '일반적으로 국가의 금 보유량이 지폐유통량의 40% 이하가 되면 상호교환을 정지한다'는 사실을 자료에서 발견하기도 했다. 그리고 매주 발표되는 관련 자료를 꾸준히 검토하여 금본위제가 폐지되는 시기를 계산한 것이다. 고레카와는 이런 결론을 토대로 주식시장이 혼란에 빠질 것이라 예상하고, 미리 공매도 주문을 내어서 큰 이익을 얻었다.

고레카와는 이외에도 주식시장과 경제의 흐름을 수많이 적중시켜 성공을 거듭했다. 경기변동뿐만 아니라 정책전환과 전쟁 발발 등의 정세까지 정확하게 예측해내는 것으로 유명했다. 그래서 한 번은 재무부 장관 자리를 제안받기도 했다고 한다.

이처럼 경제자료를 조사하고 분석하는 작업은 시대를 막론하고 투자가에게 가장 큰 힘이 된다. 이렇게 하려면 먼저 환율이 움직이는 원리와 경기가 변동하는 구조 등을 감지할 만큼 경제를 공부해야 한다. 그다음 경제자료들이 어떤 의미가 있으며, 어떤 식으로 주가에 영향을 주는지를 직접 연구하고 고민하는 자세가 중요하다.

강한 의지로 장수까지 실현하다

고레카와는 투자뿐만 아니라 사업과 인생에서 일어나는 여러 문제를 지혜와 강한 의지력으로 극복하며 자신의 꿈을 실현시켰다. 그의 인생을 살펴보면 그야말로 강렬하다. 고레카와는

95세까지 장수했는데, 이 수명까지 지혜와 강한 의지로 실현시킨 것이다. 사실 고레카와는 20대 때에 폐결핵으로 요양생활을 했는데, 이 일을 계기로 '사람의 생명은 무엇일까? 왜 어떤 사람은 일찍 죽고, 또 어떤 사람은 늦게 죽을까?'를 심각하게 고민하기 시작했다. 그리고 각종 자료를 읽고 나서 '사람의 생명은 자연의 법칙에 따라 생활하면 백 년 이상 건강하게 살 수 있다'는 결론을 스스로 얻었다.

고레카와는 사람이 대개 70~80세에 죽는 것은 음주와 과식 등 풍요로운 삶으로 말미암아, 본래 가진 생명력을 잃어버리기 때문이라고 말한다. 인간이 본래 지닌 생명력을 높이기 위해 채식 중심의 자연에 가까운 식생활로 바꾸고, 밤 문화를 멀리하겠다고 결심했다. 이 모든 노력은 장수하여 자신이 하고 싶을 일을 하고 꿈을 이루기 위해서였다. 실제로도 고레카와는 이런 생활을 꾸준히 실천하여 100세에 가까운 나이까지 건강한 삶을 살았다고 한다.

그렇다면 고레카와는 어떻게 이런 강한 의지력을 지속할 수 있었을까? 고레카와는 어떤 문제에 당면할 때마다 '왜 경제는 변동하는가'와 '인간의 생명이란 무엇인가'라는 근본적인 부분에 강한 흥미를 보였다고 한다. 그리고 그것에 대해 철저하게 공부했다. 그 과정에서 뭔가를 깨닫게 되면 '어떤 노력을 하면 그것을 달성할 수 있을까'를 고민했다. 자신이 얻게 될 큰 성과와 그것을 달성하기 위한 방법이 보이면, 어떻게 해서든 그 목표를 달성하려는 의욕이 샘솟는다. 이처럼 고레카와 안에 있는 호기심, 학구열, 의지력이 합쳐지면서 투자와 사업에서 큰 성과를 낼 수 있었던 것으로 보인다.

사업과 취미에 열중하여
투자능력을 키우다

고레카와는 41세가 되는 해에 한반도에서 광산업회사를 설립하는데, 평소에 그렇게 해왔듯이 지질학, 광물학을 꼼꼼하게 공부했다. 자신이 직접 나서서 지질조사를 한 것이다. 자신은 회사 경영을 맡고 있으므로 기술적인 부분은 기술자에게 맡기는 것이 하나의 방법이겠지만, 고레카와는 성격상 이를 결코 용납하지 못했다. 스스로 충분한 지식을 얻을 때까지 직접 연구하고 조사하는 것이 정확한 판단력을 기르는 지름길이라는 신념이 있었기 때문이다. 고레카와의 이런 열정과 노력 덕분인지 사업은 순조롭게 확장되어 간다.

그로부터 한참의 시간이 흘러 고레카와가 84세가 되던 해의 일이다. 어느 날 그는 우연히 신문을 읽다가 스미토모 금속광산이 고품질의 금맥을 발견했다는 기사를 보고 그 규모가 상당할 것이라고 직감한다. 그리고 곧바로 현지에 가서 자신의 눈으로 확인한다. 여러 상황들을 바탕으로 대금맥의 존재를 확신하고는, 당시 저가 상태에 머물고 있던 스미토모 금속광산의 주식을 조용히 사들이기 시작한다. 그 후 회사의 주식은 크게 상승했고 고레카와는 약 200배에 달하는 이익을 얻는다. 이전의 사업으로 축적된 광업에 대한 판단력은 40년 이상의 세월이 흐른 후에도 정확했던 것이다.

고레카와 긴조의 이 일화를 통해 알 수 있듯, 일이든 취미활동이든 자신이 흥미를 느끼는 분야에 대해 철저하게 공부를 하는 자세는 정말 중요하다. 이런 노력이 결국 사업을 할 때도 도움이 되며, 취미생활을 훨씬 풍요롭게 만들며, 주식투자에서도 가장 강력한 무기가 된다. 고레카와의 생애를 되짚어보면서 이런 자세와 노력이 투자가에게 얼마나 중요한지 새삼스럽게 깨닫게 된다.

서두르지 않고 욕심 부리지 않는 '거북이 3원칙' 정신을 지켜라!

공부와 연구에 매진하고 의지력도 강한 고레카와였지만, 파산 직전의 실패도 경험한다. 증시의 흐름을 잘못 읽었기 때문이 아니라 리스크가 큰 위험한 신용거래를 한 것이 원인이었다. 증시전망은 정확했지만 이익을 확보하는 시점을 잘못 판단한 것이다. 냉정함을 잃고 신용거래로 보유주식수를 늘렸지만 이것이 허사가 되면서 큰 손실을 초래했다. 파산까지는 이르지 않고 수백 억 원의 자산을 남기는 데는 성공했지만, 자칫 전 재산을 잃을 수도 있었던 상황이었다.

이처럼 고레카와는 여러 차례 자신의 전부를 건 승부를 했다. 인생에서 몇 번 찾아오지 않는 큰 기회라고 판단하면 모든 것을 걸어서라도 도전하는 성격이었다고 한다. 그때마다 위기를 극복하고 성공을 거두기는 했지만, 자칫 운명의 수레바퀴가 조금만 어긋나도 큰 실패를 맛볼 수도 있었다.

아무리 확신이 있는 투자대상을 발견했다고 해도 지나치게 큰 금액을 투자하면 투자가는 감정조절이 힘들어진다. 탁월한 판단력과 강인한 의지력의 소유자였던 고레카와조차 감정조절에 실패하여 잘못된 판단으로 궁지에 몰리기도 했다. 고레카와는 이런 자신의 경험을 바탕으로 '거북이 3원칙'이라는 투자법을 제안한다.

① 저평가된 채 방치된 우량종목을 사 모은 다음, 가격이 오를 때까지 기다린다.
② 경제, 시세의 동향을 항상 주시한다.
③ 지나친 욕심을 부리지 않고 가지고 있는 자금 범위 내에서 투자한다.

이 원칙은 결국 서두르지 말고, 욕심 부리지 말고, 거북이처럼 착실하게 투자하라는 뜻이다. 고레카와 자신 또한 거북이처럼 착실하게 투자하려고 했던 것이다. 고레카와도 몇 번의 위험한 승부를 제외하면 대부분 이러한 자세로 꾸준히 투자를 해왔던 것 같다.

또한 고레카와는 '그저 돈만 벌면 된다'는 자세를 맹렬하게 비판했다. 다른 사람에게 피해를 주면서까지 돈을 버는 행동은 지양해야 한다고 지적하며, 되도록 사회적 의의를 생각하며 투자해야 한다고 말한다. 결국 이런 자세는 성실하게 공부하는 태도와 일맥상통하며, 무엇보다 과도한 욕심을 부려 실패할 위험을 막아줄 것이다.

마틴 츠바이크와
조지 소로스에게 배우는,
증시와 경제의 전환점을
파악하는 방법

거래량, 금융정책,
정치동향을 읽는다

증시추세 분석의 달인 마틴 츠바이크와
경제추세 분석의 달인 조지 소로스

지금까지는 주로 개별주 투자법에 대해 살펴보았다. 이번 장
에서는 전반적인 증시 및 경제의 추이와 전환점을 정확하게 판단
하는 비법을 알아보기로 한다.

주식투자의 기본은 '좋은 주식을 발굴하여 저렴하게 산다'
이다. 하지만 전체 증시의 흐름과 전환점을 정확히 판단할 수 있
다면, 더 유리한 투자시점을 모색하거나 위험한 투자시점을 피하
는데 도움이 된다. 또한 달러 장세와 유럽증시의 추이분석은 해
당 국가 통화에 투자할 때도 도움이 될 것이다. 마틴 츠바이크에
게는 차트와 금융정책을 통해 전체 증시추이를 판단하는 비법을,
조지 소로스에게는 경제실태·수급·정치동향을 통해 경제추이를
판단하는 비법을 배운다.

폭발적 상승과
금융정책을 통해
증시의 대전환점을 파악한다

1942년에 태어나 2013년에 세상을 떠났다. 미국에서 가장 저명한 증시 애널리스트 가운데 한 사람으로 시장흐름 분석의 일인자이다. 발행하는 뉴스레터에서 차례로 예상을 적중시키면서 주목을 받았다. 약 10조 억의 자금을 운용하는 저명한 펀드매니저이기도 하다. 미시건 주립대학에서 재무론으로 박사학위를 취득하고 뉴욕 시립대학의 조교수로 재직하기도 했다.

거래량을 동반한 폭발적 상승은
몇 년에 한 번 있는 상승추세 신호

마틴 츠바이크는 증시의 움직임을 판단하는 고수로 잘 알려져 있다. 주식시장에서 몇 년에 한 번 꼴로 일어나는 중요한 추세전환을 여러 차례 적중시켰다. 이 능력을 인정받아 약 10조 원에 달하는 거대한 펀드를 운용하는 펀드매니저가 되었고, 평가기관이 평가하는 최고의 투자고문으로 여러 번 뽑히기도 했다. 츠바이크에게는 전체 증시추세의 전환을 판단하는 비법을 배우겠다. 주식시장의 추이전환 신호로 츠바이크가 특히 주목하는 항목은 다음과 같다.

- 저가권에서 '폭발적 상승일'이 2번 이상 나타남
- 금융정책의 중요한 변화

　츠바이크는 과거 80년간 주식시장 자료를 분석하여 주된 상승추이를 빠짐없이 검증하였다. 그 결과 대다수 상승추세는 발생초기에 '주식의 폭발적 상승'이 일어났다는 사실을 발견했다. 이때 주가의 폭발적 상승이란 매수가 쇄도하여 주식시장 전체가 폭발적인 기세로 상승을 시작하는 상태를 말한다. 츠바이크는 주가상승의 폭발을 가늠하는 지표 가운데 하나로 '10일 등락비율'을 사용한다.

　이는 10일이라는 기간을 정해 매일 가격이 오르는 종목 수의 합계가 가격이 내리는 종목 수의 합계에 몇 배인지를 알아보는 지표이다. 이것이 2배를 넘는 현상은 4년에 한 번 정도의 꼴로 일어나는데, 이는 모두 상승추세가 발생한 기점이 되었다는 사실을 발견한 것이다. 하지만 일반적으로는 10일 등락비율보다 25일 등락비율을 많이 사용한다. 그렇기 때문에 필요하다면 인터넷으로 검색하면 곧바로 확인할 수 있지만, 10일 등락비율은 직접 자료를 분석해야 하기 때문에 번거로울 수 있다.

　어쨌든 츠바이크는 2주 정도의 기간에 폭발적으로 강한 움직임이 나타난다는 사실을 주목했다. 그는 자신의 저서에서 "2주 이상에 걸쳐 주가가 '폭발'하기를 인내심을 가지고 기다린 후에 시장에 참여하여, 그 시점에 '고가' 수준이라고 생각되는 주식을 사더라도 그 후 수개월 안에 신기할 만큼 큰 이익을 올릴 수 있다"고 말한다(《Winning on Wall Street》).

또한 츠바이크는 '상승종목 거래량 지표'라는 지표도 사용한다. 이 지표는 그날 가격이 오른 주식의 거래량 합계가 가격이 내린 주식의 거래량 합계의 몇 배인지를 살펴보는 것이다. 하지만 이 지표 역시 일반적이지 않아 직접 확인해야 하는 번거로움이 있으므로, '상승종목의 90% 이상이 오르는 대세상승장 주에서 닛케이 평균이 거래량을 동반하여 큰 폭으로 상승한 날'이 츠바이크가 말하는 날로 생각하면 될 것이다. 이것 또한 시장에 매수가 쇄도하는 '폭발적인 상승일'이기 때문이다.

츠바이크에 따르면 과거에 폭발적인 상승일이 3개월 이내에 2번 이상 일어나면, 그 후 큰 상승추세로 발전할 가능성이 꽤 높아진다고 한다. 여기에서 중요한 포인트는 '큰 상승추세는 저가권에서 주가폭발로 시작된다'는 내용이다. 이것을 잘 기억해두면 어려운 지표를 분석하지 않고도 장기주식차트로 몇 년에 한 번 발생하는 '주식폭발'이 있는지를 관찰할 수 있다. 큰 흐름의 전환을 파악하는 데 도움이 될 것이다.

금융정책으로
증시추세의 전환을 알아낸다

다음은 주식시장의 전환점을 파악하기 위한 두 번째 핵심인 '금융정책의 중요한 변화'를 살펴보자. 앞에서 기술한 대로 금융정책이란 중앙은행이 전 세계에 유통되는 돈의 유통량을 바꾸려는 정책을 말한다. 돈의 유통량을 늘리는 정책을 '금융완화', 돈의 유통량을 줄이는 정책을 '금융긴축'이라고 한다. 중앙은행은 돈을 발행하고 관리하는 은행으로 일본에서는 일본은행, 미국에서는 FRB가 이 역할을 담당한다. 금융정책의 주된 수단은 이율을 내리거나 올리는 것이다. 이율을 내린다는 말은 금리를 내려 돈을 빌리기 쉽게 해서 돈의 유통량을 늘리는 것이다. 이율을 올린다는 말은 금리를 올려 돈을 쉽게 빌리지 못하게 해서 돈의 유통량을 줄이는 것을 의미한다.

하지만 금리인하에는 한계가 있다. 실제로 2014년 기준으로 일본은행이 정책목표로 삼은 콜금리 익일물(금융기관 간에 이루어지는 하루 동안의 자금 대차) 금리는 거의 제로에 머물러 있다. 그래서 일본은행이 2001년에 사상 최초로 편 정책이 양적완화였다. 일본은행이 민간은행으로부터 국채 등을 사들이고, 그 대금을 은행에 지급하여 자금을 공급하는 정책이다. 일본은행에 들어온 많은 돈을 일반은행이 대출이라는 형태로 시중에 풀면, 금융완화와 동일한 작용을 할 것이라 예상한 것이다.

그럼 츠바이크가 말하는 금융정책의 중요한 변경이란 무엇을 가리킬까? 첫째로 금융긴축에서 금융완화로, 금융완화에서 금융긴축처럼 방향성을 바꾸는 현상을 말한다. 여기에 덧붙여 이 정책이 연속적인지, 완화와 긴축의 폭이 어느 정도인지 등의 요소에도 주목한다. 실제로 과거의 사례를 봐도 금융정책 변경이 주식시장에 미치는 효과는 매우 커서 증시의 중요한 전환점으로 작용할 때가 많다.

예를 들면 1987년 10월 하순, 미국의 블랙먼데이가 그렇다. 이때 주가대폭락 사태가 일어나 뉴욕 다우지수는 2주 사이에 2,600달러대에서 1,700달러대로 약 35% 하락했다. 이러한 폭락 전에는 8개월 동안 뉴욕 다우지수가 1,900달러대에서 2,700달러대로 크게 상승하여 주식시장이 열기에 휩싸였다. 이런 상황에서 FRB는 9월 초순에 5.5%에서 6.0%로 금리인상을 실시했다. 이는 약 4년만의 금융긴축으로 과열양상을 보이기 시작한 증시에 찬물을 끼얹는 효과를 노렸을 것으로 보인다. 츠바이크는 이를 증시하락 신호로 보고 풋(주가가 하락하면 돈을 버는 금융상품)을 사서 큰 이익을 보았다.

일본에서도 이런 사례는 허다하다. 전형적인 예가 1990년 이후의 거품붕괴이다. 1980년대 후반에 닛케이 평균은 사상 최대의 거품증시로 치달아, 1989년 5월에는 33,000엔대를 찍었다. 이 시기에 일본은행은 경기와 증시의 과열을 억제하기 위해 약 9년 만에 금리인상을 단행했고, 뒤이어 10월과 12월에도 연속하여 금리를 다시 인상했다. 그럼에도 닛케이 평균 상승추세는 수그러들지 않았고, 결국 12월 말에 38,915엔을 달성했지만 다음해인 1990년 1월부터 거품증시의 대폭락이 시작된다.

금융정책의 변화는 증시전환점의 중요한 신호이지만, 몇 가지 주의점이 있다.

첫째, 금융정책의 변화에서 증시전환까지 시간차가 생기는 사례도 많다는 것이다. 1989년 거품증시가 천정을 찍고 떨어진 시점도 금리인상 개시부터 7개월이나 경과한 후였다. 또한 일본은 2001년에 사상 처음으로 양적완화라는 매우 대담한 금융정책을 도입했지만, 주가가 실제로 바닥을 친 것은 2003년에 들어선 이후이다. 이 또한 상당한 시간차가 있었다.

2014년 기준으로 일본은 여전히 양적완화가 실시되고 있다. 이는 '비전통적 금융정책'이라 불릴 만큼 역사상 유례가 없는 금융완화이다. 이 정책이 장기적으로 봤을 때 어떤 부작용을 초래할지 주의할 필요가 있다. 이것이 두 번째 주의할 점이다. 이런 점을 충분히 고려하는 한편, 투자가로서 금융정책을 부지런히 공부하며 관찰하는 태도가 중요하다.

경제실태·수급·정치의
3요소를 확인하여
투자한다

1930년에 태어났다. 유태인계로 헝가리 부다페스트에서 태어났다. 런던스쿨오브이코노믹스를 졸업한 후 런던 증권회사에 입사한다. 그 후 미국으로 건너가 친구인 짐 로저스와 퀀텀펀드를 설립하여 경이적인 운용실적을 올린다. 1992년에 영국 파운드를 매도해서 거액의 이익을 거둔 것으로 유명하다. 자신의 세대에서 20조 원에 달하는 자산을 구축했다.

경제지표와의 괴리를 분석하고,
수정된 움직임을 파악하여 승리한다

조지 소로스에 대해서는 짐 로저스 장에서도 여러 번 언급했다. 그는 20조 원 가까운 개인자산을 구축한 헤지펀드의 대가이다. 소로스의 수법은 거시경제 흐름을 철저하게 분석하여 추세와 변화를 예측하여 돈을 버는 것이다. 대표적 성공사례가 1980년대의 달러매도이다.

1970년대의 미국은 오랜 불황으로 고통을 겪고 있었다. 그러다 1981년에 취임한 레이건 대통령은 '강한 미국'을 내세우며 경제분야에서 강력한 '강한 달러정책'을 취했다. 이로 말미암아 수입품의 가격이 떨어지면서 미국을 괴롭히던 고인플레이션을 잠재웠다. 또한 달러강세로 세계의 자금이 미국으로 몰려들어 미국주식이 상승하고 경기 또한 회복으로 되돌아섰다. 하지만 실질 가치를 뛰어넘는 극단적인 달러강세 정책은 오래 지속되지 못했다. 실제로 이런 달러강세 때문에 자동차산업이 수입차의 공세로 어려움을 겪는 폐해가 두드러지기도 했다.

'레이건의 강한 달러정책은 결국 실패할 것'이라고 예측한 조지 소로스는 달러를 내다팔 시점을 호시탐탐 노리고 있었다. 1985년 중반, 소로스는 마침내 승부의 순간이 왔음을 감지했다. 미국 산업계의 달러강세에 대한 불만은 극에 달했고, 정계에서도 이에 대응하려는 움직임이 나타났기 때문이다. 경제실태로 봐도 달러는 훨씬 낮은 가격에서 거래되어야 마땅했다. 만약 이 달러강세 정책이 전환되면 이번에는 극도의 달러약세가 발생할 것이 분명했다. 변화가 인접했음을 감지한 소로스는 1985년 9월에 거액의 달러매도를 단행한다.

그리고 9월 22일, 당시 미국의 재무장관이었던 베이커^{James Addison Baker}는 영국, 독일, 프랑스, 일본, 4개국의 재무장관을 불러 회합을 열었다. '어딘가에서 극적인 달러약세가 일어날 것'이라는 시나리오를 들고 추이를 지켜보던 소로스는 이 회합의 목적을 곧바로 간파하고 달러매도 속도를 높여간다. 결국 소로스가 확신한 대로 회합 이후 5개국은 플라자 합의에서 달러약세 정책을 유도하기로 결정한다. 당시 1달러당 2,400원이었던 달러는 1

년 후에 1,500원 부근까지 떨어졌고, 소로스는 거액의 수익을 벌어들였다.

중앙은행이나 정부의 과도한 증시유도는
경제파탄을 초래한다

소로스의 최대 성공사례로 손꼽히는 투자는 1992년 영국 파운드화 대량매도이다. 당시 유럽은 본격적인 통화통합을 위해 움직이고 있었다. 참여국들이 독일통화인 마르크에 대해 자국통화의 비율을 일정수준으로 유지하도록 협약을 맺은 것이다. 영국으로서는 1파운드를 2.95마르크, 최저 2.77마르크까지는 유지해야 했다. 하지만 이때 영국경제는 하향선을 그리고 있는 상황이었고, 이런 환율수준은 경제실정과는 전혀 맞지 않았다. '실질경제에 어울리지 않는 환율수준'이 영국경기를 더욱 악화시키는 악순환에 빠졌다.

1992년 7월이 되자 파운드는 '상대적으로 비싸다'라는 분위기가 나오기 시작한 가운데 매도압력에 밀려 2.85마르크 부근까지 떨어졌다. 소로스는 이런 움직임을 주의 깊게 관찰하며 생애 최대 승부를 위한 시점을 노리고 있었던 것이다. 이때 영국정부가 하락하는 파운드를 방어할 수 있는 최대 수단은 '금리인상'이었다. 금리를 높여서 전 세계의 돈을 파운드로 전환하여 소로스 같은 투기적인 매도방식을 격퇴한다는 전략이었다.

하지만 금리를 올리면 자동차, 주택, 설비투자 등 은행대출로 소비하는 움직임을 둔화시켜 채무로 힘들어하는 기업을 더욱 궁지에 내몬다. 그렇지 않아도 내리막을 걷고 있는 영국경제를 더욱 악화시키고 만다. 이 상황에 영국 내에서는 "통화통합에서 탈퇴하여 통화와 금리 모두 인하하는 정책으로 먼저 경기회복부터 하라"는 목소리가 높아졌다.

하지만 통화통합은 유럽이 세계경제의 중심으로 되돌아가기 위해 1970년대부터 추진해온 중요한 프로젝트였다. 영국정부로서도 어떤 희생을 치르더라도 반드시 성공하겠다는 결의를 여러 번 표명했다. 그런 까닭에 필사적으로 외환개입을 시도했지만 파운드 절하는 멈출 기미가 보이지 않았다.

3가지 조건을 완벽하게 갖추고, 본격적으로 파운드를 매도하다

이제 영국은 유럽 통합의 중심국인 독일이 금리인하를 단행하여, 자금의 흐름이 독일에서 영국으로 들어오게 하는 방법밖에 없었다. 물론 소로스도 독일의 움직임을 주의 깊게 지켜보고 있었다. 하지만 독일은 통일의 후유증으로 심각한 인플레이션을 겪는 상황이었다. 그래서 금리나 통화를 인하하는 정책은 되도록 피하려고 했다. 마르크 약세로 외화가치가 높아지면서 수입품 가격이 올라 인플레이션을 더욱 가속화시키기 때문이다.

독일의 이런 상태를 소로스는 이미 충분히 분석해 알고 있었지만, 더욱 신중하게 지켜보는 중이었다. 같은 해 8월 말이 되자 독일정부는 "영국이 통화통합에서 탈퇴해도 어쩔 수 없다"는 태도를 명확하게 표명하게 되었다. 드디어 소로스가 파운드 매도에 나설 조건이 완벽하게 갖춰진 것이다. 조건은 다음과 같다.

① 경제실태
② 수급상태
③ 정치요인

최대 요인인 경제실태는 이미 완벽하게 파운드 절하로 기울어 있었으며, 시장 수급상태도 파운드 절하로 접어들었다. 외환개입에도 불구하고 파운드 절하가 계속되었다는 사실이 그 증거다. 거기다 정치적인 조건도 갖춰졌다. 마지막까지 파운드를 유지하려는 영국의 정치적 의지가 강했지만, 이미 영국 혼자 힘으로 어떻게 할 수 있는 상황이 아니었다. 유일한 희망이던 독일은 국내 사정으로 정신없었고, 통화통합을 추구하던 유럽 각국의 연합은 완전히 무너지고 있었다. 이 사실들을 확인한 소로스는 9월에 접어들면서 파운드 하락으로 100억 달러(10조 원 이상)를 벌어들였다.

소로스의 대승리와 영국경제의 부활

운명의 9월 15일이 왔다. 파운드는 이미 제한선인 2.77마르크를 눈앞에 두고 있었다. 영국 중앙은행은 마지막 수단으로 금리를 10%에서 12%로, 다시 15%로 하루 사이에 두 번이나 인상했다. 그럼에도 파운드는 오를 기미를 보이지 않았다. 영국 정부는 가능한 모든 수단을 동원했지만, 파운드 시장은 거의 패닉 상태에 빠져 무너져 내렸다. 10월까지 달러 대비 20% 가까이 폭락했다. 소로스의 완전한 승리였다. 소로스의 펀드는 이 투기로 20억 달러(2조 원 이상)를 벌어들였고, 소로스 자신은 금액의 3분의 1을 보수로 가져갔다.

흥미로운 점은 이후 영국 경기가 회복으로 돌아서 영국경제가 극적으로 부활했다는 것이다. 그리고 보면 영국을 위해 싸운 쪽이 영국정부인지, 투기세력 소로스인지 의문이 생긴다. 한 가지 확실한 것은 중앙은행이든 투기세력이든 상관없이 경제의 흐름을 꿰뚫어보는 자가 승리하고, 그렇지 못한 자는 실패한다는 것이다. 소로스를 알면 알수록 '경제의 본질을 간파하는 능력'의 중요성을 실감하게 된다.

주식투자 성공 5원칙

지금까지 12명의 투자고수들의 비법을 대략적으로 살펴보았다. 12인 12색이지만 공통되는 부분도 있다. 그들의 비법에서 무엇을 익혀야 하고, 어떻게 활용해야 할까? 마지막으로 그들의 비법을 되돌아보고, 주식투자에서 성공하기 위한 나름의 5원칙을 정리해보았다.

원칙 1_투자전략
: 손실과 이익의 비율이 유리한 쪽에 투자한다

첫 번째 원칙은 앞에서 '위험과 수익의 비율을 고려하라'는 말과 일맥상통하며, 이 책에 등장하는 모든 투자가의 공통적인 생각이다. 투자에는 위험이 따르기 마련이다. 하지만 위험 대비 기대할 수 있는 이익이 몇 배나 크다면, 투자할만한 가치가 있다고 할 수 있다.

예를 들어 '실패하면 하락률이 최대 20% 정도이지만 성공했을 때 기대할 수 있는 상승률은 100% 이상'이라면, 손실과 이익의 비율은 1 대 5이다. 그렇다면 이는 유리한 투자안건이라 할 수 있다. 실제로는 실패했을 때 손실이 어느 정도이고, 성공했을 때 이익이 어느 정도인지를 금액과 %로 정량화해 생각하기가 어려워 다분히 감각적인 판단에 의지한다. 그래도 '손실과 이익의 비율로 생각하여 확실히 유리한 안건에 투자한다'는 점을 의식하는 것만으로도 주식투자나 FX, 그 외 다른 투자에서도 성공할 가능성이 높아질 것이다.

원칙 2_가치투자
: 가치를 계산하여 상승여지가 큰 주식에 투자한다

'손실과 이익의 비율이 유리한 주식', 즉 '하락여지가 적고, 상승여지가 큰 주식'을 찾기 위한 가장 효과적인 방법은 가치에 주목하는 것이다. 주가가 기업의 가치에 비해 많이 저평가된 상태라면, 하락여지는 작고 상승여지는 크다고 할 수 있다. 가치에 주목하는 점 또한 이 책에 등장하는 투자고수들의 공통된 특징이다. 수익성이 높은 주식을 PER이 낮을 때 매수하면, '하락여지가 작은 반면 상승여지는 큰 상태'일 가능성이 높다고 할 수 있다.

필자 경험으로는 실적이 좋고 PER이 낮은 주식을 매수하여 손절매를 해도, 손실률은 최대 20% 정도이다. 반면에 성공했을 때는 100%까지 상승할 가능성이 많다. 손실과 이익의 비율은 1

대 5 정도인 셈이다. 피셔와 오닐은 저렴함에 크게 신경 쓰지 않은 듯 보이는데, 이는 기업가치 자체가 몇 배 혹은 수십 배로 커질 것 같은 주식을 투자대상으로 삼기 때문이다. 가치가 몇 배로 오를 종목이라면, '현재 가격이 다소 높든 낮든 크게 신경 쓰지 않는다'는 것이 그들의 기본자세이다. 가치가 몇 배로 오를 종목을 찾는데 주력한 것이다.

피셔와 오닐을 가치투자가라고 하면 위화감을 느끼는 사람도 있을 것이다. "피셔와 오닐은 성장주 투자가이지 가치투자가는 아니다"라고 할 수도 있다. 하지만 성장성과 저렴함은 모순하거나 대립되는 항목이 아니다. 이는 벤저민 그레이엄의 장에서 설명했다. 성장성은 주식의 가치를 이루는 요인 중 하나이다. 성장성을 포함한 가치를 따져, 그것보다 싼 가격에 사들이는 것이 가치투자인 것이다.

실제로 피셔와 오닐은 자신이 고평가된 주식을 산다는 생각은 전혀 하지 않았을 것이다. 오히려 '성장성을 고려한다면 초저가'라고 할 수 있는 주식을 목표로 삼았다. 주식의 저렴함은 기본적으로는 PER로 계산한다. 일반적으로는 15배 정도를 표준적인 수준, 10배 정도까지는 저평가되었다고 생각한다. 그리고 성장성이 높은 경우에는 그 성장성까지 덧붙여 PER의 기준을 다음에 나오는 표의 ①처럼 수정하여 생각한다. 기본적으로는 저평가 수준에서 사서 목표수준에서 파는 전략이다.

향후 3년 이상의 성장률이 안정적일 것으로 예상되는 경우에는, 존 네프를 다룬 7장에서 기술한 방법에 따라 목표PER을 도표의 ②와 같이 생각할 수 있다. 나아가 배당이율이 몇 % 정도된다면 이것을 PER에 덧붙여 생각할 수도 있다. 이렇게 계산한 목표PER보다 크게 낮은 가격(대개 3분의 2 이하의 수준)에서 매수하면 된다.

단, 강세장이 되면 가격이 과도하게 부풀어지는 상황도 자주

PER에 따른 매매목표 ①

향후 몇 년 동안의 성장 가능성	저평가 수준	목표 수준	최대목표 수준
3% 정도의 안정성장이 예상되는 경우	10배	15배	20배
몇 년 안에 2배 이상의 이익성장이 예상되는 경우	20배	30배	40배
몇 년 안에 3배 이상의 이익성장이 예상되는 경우	30배	45배	60배

PER에 따른 매매목표 ②

향후 3년 이상의 이익성장 가능성	저평가 수준	목표 수준	최대목표 수준
5%의 성장이 예상되는 경우	12배	17배	25배
10%의 성장이 예상되는 경우	13배	20배	26배
15%의 성장이 예상되는 경우	15배	23배	30배
20%의 성장이 예상되는 경우	17배	26배	35배
30% 이상(a%)의 성장이 예상되는 경우	$0.7 \times a$배	a배	$1.3 \times a$배

· 표준수준에는 배당이율분을 더해도 좋다. 저평가 수준은 그의 3분의 2, 또는 0.7 정도이다. 최대목표 수준은 3분의 4, 또는 1.3배 정도의 수준이다.

벌어진다. 목표수준에 도달하면 매도하는 것도 물론 좋지만, 주가상승을 타고 되도록 많은 이익을 얻고 싶다면 저평가 수준의 2배(목표수준의 1.3배 정도)까지 목표수준을 올려도 좋다. 이를 최대목표라고 부르기로 한다.

원칙 3_종목의 질 파악
: 성장성을 고려한다

기업의 가치를 생각할 때 가장 중요한 요소가 성장성이다. 성장성을 중시하는 점 또한 투자고수들의 공통된 생각이다. 그레이엄은 성장투자에는 부정적이었는데, 이는 높은 성장성만 생각하는 투기적인 투자의 위험을 지적한 것이다. 이런 투자방식에만 부정적이었을 뿐 성장성의 중요함을 부정한 것은 아니다. 실제로 그레이엄 자신도 향후의 높은 수익전망을 종목선정의 중요한 항목으로 삼고 있었다. 구체적으로는 연 이자율 3%, 혹은 10년 안에 30% 정도의 이익성장이 가능할 것 같은 주식을 종목선정의 조건으로 제시했다.

존 네프도 고성장주에 대한 투자에는 부정적으로 연 이자율 20% 정도나, 그 이내의 비교적 안정된 성장주를 중심으로 투자했다. 버핏도 주로 연 이자율 20% 이하의 비교적 안정된 성장주에 투자하고 있어, 네프와 비슷한 기법을 구사한다고 볼 수 있다. 한편 오닐은 몇 년 안에 이익이 몇 배로 증가할 것 같은 폭발적 성장주에 주목했다.

안정성장주에 대한 투자는 위험이 낮고 성공확률이 높아서 일반인들도 쉽게 활용할 수 있는 방법이라 생각한다. 한편 급성장주는 PER도 높을 때가 많고 가격변동도 심해 다루기가 까다롭지만, 성공한다면 몇 배의 이익을 얻을 수 있다. 확신이 드는 급성장주를 발견했다면 자금의 일부를 투자해보는 것도 좋을 것이다.

기업의 성장성은 정성적 분석과 정량적 분석을 통해 판단한다. 정성적 분석 항목에 대해서는 필립 피셔, 워런 버핏, 피터 린치의 장에서 상세하게 설명했다.

- 독자적인 강점이 있다.
- 매출확대의 여지가 있다.
- 이해하기 쉽다.

앞의 3가지가 특히 중요하다. 이 조건들은 정성적 분석에서 필수항목이라 할 수 있다.

한편 정량적 분석에서는 벤저민 그레이엄, 워런 버핏, 윌리엄 오닐, 존 네프의 장에서 상세하게 설명했지만 대략 다음과 같은 조건으로 집약된다.

- 실적이 꾸준히 상승하고 있다.
- 매출영업이익률이 10% 이상이다.

- ROE가 10% 이상이다.

- 자기자본비율이 50% 이상이다.

이것은 필수적이지는 않지만 '가능하다면 충족되는 편이 바람직한' 항목이다. 오닐이 급성장주를 선택하는 기준은 '꾸준한 실적증가'뿐만 아니라 다음과 같은 까다로운 조건이 붙는다.

- 과거 3년 동안 25% 이상의 성장을 지속하고, 최근에는 40% 이상으로 가속화되고 있다.

오닐은 이미 이러한 실적동향을 나타내고 있으며, 여기에 획기적인 신제품과 새로운 서비스를 통해 실적호조가 지속될 것 같은 주식을 PER 25~50배에서 산다. 그리고 PER이 매수한 시점의 2배 정도가 되면 매도하는 방식을 택하고 있다.

원칙 4_투자 타이밍
: 안이한 역행은 피하고, 여러 번에 나누어 매수한다

투자 타이밍을 생각할 때 먼저 '역행할지, 순행할지'를 결정해야 한다. 역행은 주가가 크게 떨어진 시점을 노려 투자하는 방법이고, 순행투자는 상승세를 타고 그것을 따라가는 형태로 투자하는 방법이다. 이 책에 등장한 투자가들의 대다수는 역행투자가이다. 특히 그레이엄과 로저스는 주가가 크게 하락했을 때만 매수하는 골수 역행투자가이다.

버핏 또한 전형적인 역행투자가로 리먼사태 이후 폭락장에서 주식을 대량으로 사들이기도 했다. IT버블 붕괴 이후 저가권에서도 많은 주식을 사들였다. 버핏에게는 '초우량주가 초저가인 상태'가 가장 중요한 항목이다. 주가가 고가권일 때도 확신이 드는 주식은 매수하기도 하지만, 기본적으로는 많은 투자가들이 동요하여 주식을 헐값에 내던질 때 매수하는 것을 즐기는 역행투자가이다.

피터 린치, 존 케인스, 존 템플턴, 존 네프, 고레카와 긴조도 기본적으로는 주가가 높을 때가 아닌 저가권일 때 매수에 나서는 사례가 많았으므로 역행투자가라고 할 수 있다. 피셔는 투자 타이밍에 크게 구애받지 않았지만, 경기나 실적이 악화되어 평소 눈여겨보던 주식이 크게 떨어진 시점을 절호의 매수기회로 삼았다. 그러므로 본질적으로는 역행투자가라고 할 수 있다. 이 가운데 오닐만이 '하락세의 종목을 피하고, 상승세의 종목만을 노린다'는 순행투자가이다. 오닐을 경제지표나 차트에서 강한 상승세가 발생하는 시기에만 이 움직임에 편승하는 방법을 택했다.

그럼 개인투자가에게는 어떤 방법이 맞을까? 투자고수들처럼 역행투자를 해서 성공한다면 꽤 큰 투자성과를 기대할 수 있을 것이다. 하지만 필자 경험에서 볼 때 역행투자는 대단히 어렵다. 실제로 '안이한 역행투자'로 실패한 투자가도 많고, 필자 또한 이런 방식의 투자로 여러 번 실패했다. 투자고수들은 난이도

가 높은 투자에서 성공하기 때문에 커다란 성과를 올리는 것일
수도 있다.

또 역행투자가 어려운 이유가 있다. 주가가 하락세인 시기는
경기와 실적 모두 악화되고 있는 상태일 때가 많은데, 이것이 언
제까지 지속될지 알 수 없다는 것이다. 실제로 하락세인 주식을
'이만큼이나 떨어졌으니 괜찮겠지'라고 판단하여 성급하게 샀
는데, 그 시점에서 몇 %나 하락하는 것을 여러 번 경험했다. 이는
수많은 투자가들이 경험해봤을 것이다. 나중에 돌아보면 최저가
인 시점에서 사더라도 한꺼번에 너무 많은 금액을 투자해서, 여
기에서 30% 정도 하락하자 정신적으로 동요해 저가에 팔아버린
최악의 결과도 있다.

그렇다면 어떻게 해야 좋을까? 주목하는 기업의 정성적인 면
을 충분히 분석하고, 성장성에 확신이 있으며, 여기에 '충분히 매
력적인 수준까지 주가가 떨어졌'고 판단된다면 역행하여 주식
을 사들여도 괜찮다. 하지만 이 경우에도 여러 번 나누어 조금씩
사 모으는 방법이 바람직하다. 앞에서도 말했지만 구입예정금
액 전부를 한꺼번에 투입하면, 그 후 주가가 더 하락한 시기에 정
신적으로 여유가 없어 냉정한 판단을 할 수 없게 될 가능성이 높
다. 한 단계 더 가격이 떨어졌을 때 추가매수를 할 수 있도록 자
금에 여유를 두고 구입예정액의 몇 분의 일씩 매수하도록 한다.

역행투자가 어렵게 느껴지는 사람은 주가가 충분히 떨어져
하락세가 멈췄을 때를 확인한 후에 사는 방법이 좋다. 필자는 기

본적으로 이렇게 투자시점을 결정한다. 구체적으로는 '이제 저가를 갱신하지는 않는다'는 사실을 확인하고 매수하는 것이다. 필자 경험으로 짧게는 3개월 이상, 길게는 6개월 이상 저가를 갱신하지 않으면 하락세가 끝났을 가능성이 높다고 판단해도 좋다고 본다.

이렇게 하락세가 진정된 것을 확인한 후에 조정을 끝내고 상승세에 접어든 것을 확인한 후에 매수하는 것이 가장 좋은 타이밍이다. 물론 하락세가 멈추고 상승세에 접어든 것을 확인했다고 생각하고 매수해도, 주가가 또다시 떨어질 가능성은 있다. 다만 어떤 상황에서도 냉정하게 대처할 수 있도록 예산의 전부를 쏟아 한꺼번에 사지 말고 분산하여 매수하도록 한다.

필자 또한 추종적 투자가 쉽게 느껴진다. 아마도 대부분의 개인투자가도 그렇지 않을까 생각한다. 저가주 투자와 역행투자는 얼핏 모순되는 듯 보이지만, '주가가 하락세를 멈추고 상승세를 타고 있으며 아직 저평가된 느낌이 강해서 상승여지가 크다'는 조건에서 매수하면 된다. 이것이 대다수의 개인투자가에게 가장 적합한 투자법이라 생각한다.

원칙 5_리스크 관리
: 한 종목에 투입하는 금액은 자신의 20%까지로 제한하고,
상황이 나빠지면 재빨리 손절매한다

만약 완벽하게 투자판단을 내릴 수 있다면, 정말 자신 있는

한 종목에 전 재산을 쏟아부어도 될 것이다. 하지만 개인투자가가 할 수 있는 판단에는 한계가 있으며 정확한 예측도 사실상 불가능하다. 그러므로 한 종목에 투자하는 금액에 제한을 두는 편이 좋다. 피터 린치는 다섯 종목 정도에 분산하는 방법을 추천하지만, 이는 하나의 기준으로 한 종목에 자기자금 20% 정도를 상한선으로 삼으라는 의미다.

예를 들어보자. 1,000만 원의 투자자금이 있다면 200만 원씩 나누어, 200만 원을 한 종목에 투자하는 최대금액으로 정한다. 매수할 때도 여러 번에 나누어 투입한다. 먼저 100만 원만큼만 사고, 다음 타이밍이 왔을 때 나머지 100만 원을 투자해 전체 금액을 200만 원 정도로 한다는 것이다. 이렇게 하면 첫 번째 투자에서 실패해도 손실은 제한적이다. 예를 들어 한 종목에 200만 원을 투자했는데, 그 주식이 계속 떨어져서 20% 낮은 가격으로 손절매를 했다고 하자. 그러면 손실액은 40만 원이다. 아깝기는 하지만 치명적인 액수는 아니며 충분히 회복 가능한 손실이다.

또한 투자한 후에 투자판단이 틀렸다는 사실을 알았다면 신속하게 손절매한다. 예를 들어 다음과 같은 징후가 보인다면, 이 부분을 충분히 검토해보자. 만약 투자판단이 틀렸다는 결론이 나온다면 투자금액을 줄이거나, 일단 모든 주식을 매각하는 편이 좋다.

• 예상외로 실적이 악화되었다.

- 그 회사만의 강점이라고 생각했던 부분이 흔들리기 시작했다.

투자에는 실패가 따르기 마련이다. 이 책에 등장한 투자고수들도 처음에는 큰 실패를 맛보았으며, 전문투자가가 된 후에도 실패를 경험하기도 한다. 하지만 그들은 실패를 인정하고 과감하게 손절매를 했다. '손절매가 가능하다'는 것은 투자에서 성공하기 위한 절대적 조건 중 하나이다. 손절매를 하지 않고 잘못된 투자를 계속 안고 가는 것은 손실폭을 더 크게 할 뿐이다. 이는 투자가로서 결코 해서는 안 되는 행동이다.

잘못된 판단으로 산 주식의 가격하락이 계속되고 있는데 손절매하기는커녕 '주가가 더 떨어졌다'는 이유로 더 사들인다면, 그야말로 최악이다. 결국 그 주식의 투자금액이 자기자금의 20%를 넘어 큰 비중을 차지하게 된다. 이는 많은 개인투자가가 실패로 빠지는 전형적인 형태다. 과감하게 손절매를 하는 투자가가 되려면 다음과 같은 자세가 필수적이다.

- 매수이유를 명확하게 설정한다.
- 적정한 금액에서 투자한다.
- 다른 좋은 후보주를 정해둔다.

매수이유가 명확하지 않으면 목적 없이 계속 보유하고, 목적 없이 해당 주식을 계속 사들이게 된다. 또한 적정금액을 넘어서서 지나치게 많은 돈을 투자하면, '지금 팔면 손실이 너무 커서 팔지 않겠다'는 생각이 강해져 손절매를 불가능하게 만든다. 그러므로 아무쪼록 매수이유를 명확하게 설정해서 적정한 금액에서 투자한다는 원칙을 명심하라.

또한 다른 좋은 후보주를 정해두면 손절매를 하기가 좀더 쉬워진다. 손절매를 할 수 없는 배경에는 '이 주식을 판 후에 가격이 오르면 어떡하지?'라는 심리가 작용한다. 하지만 손절매한 자금으로 다른 좋은 주식을 살 수 있다고 생각하면 비교적 쉽다. 새로운 종목에서 가격상승을 기대할 수 있기 때문이다. 투자가로서 손절매한 주식보다 '손실과 이익의 비율'이 좋은 종목에 투자하는 것은 당연하다.

필자가 생각하는 '주식투자 성공 5원칙'을 소개했다. 이 5원칙이 바로 투자고수들이 말하는 투자의 핵심이기도 하다. 원칙을 지키며 조금씩 경험을 쌓아간다면, 투자가로서 실력과 자산이 착실하게 불어날 것이라고 확신한다.

이 책에서 소개한 투자가들의 기법과 사고방식에 대해 더 자세히 공부하고 싶은 사람에게는 특히 다음 6권의 책을 추천한다.

① 《현명한 투자자》, 벤자민 그레이엄, 국일증권경제연구소 :
버핏이 투자가로서 눈을 뜨게 한 책으로 "내 인생 최고의 투자서"라고 칭찬한 주식투자 지침서이다. 인플레이션과 디플레이션 등 거시적인 경제상황의 변동을 고려하여 전반적인 자산운용에 대해 심도 깊게 고찰한 책이기도 하다. 일반 투자가를 위한 지침서라고는 하지만 꽤 전문적인 내용이 많아 이해하기 힘들 수도 있다.
동일한 내용에 저명한 금융저널리스트가 최근의 사례를 소개하며 해설을 덧붙인 《현명한 투자가(개정판)》 (벤저민 그레이엄 · 제이슨 츠바이크, 국일증권경제연구소)라는 책도 있다.

②《위대한 기업에 투자하라》, 필립 피셔, 굿모닝북스 :
피셔의 성장주 투자기법을 해설한 저서이다. 버핏이 성장주 투자에 눈을 뜨게 만든 책인 만큼 내용이 꽤 전문적이다.

③《워런 버핏의 완벽투자기법》, 로버트 해그스트롬, 세종서적 :
버핏의 투자기법을 일찌감치 눈여겨보고 30년 가까이 그를 연구하고 그 결과를 바탕으로, 자신 또한 투자성과를 올린 펀드매니저가 쓴 버핏 해설본이다. 여러 번 개정을 거치면서 알기 쉽게 수정되었으며 버핏의 최신동향도 첨가되었다. 워런 버핏의 투자법에 대한 해설본의 결정판이라 할 수 있다.

④《피터 린치의 투자 이야기》, 피터 린치·존 로스 차일드, 흐름출판 :
피터 린치가 직접 개인투자가를 위해 쓴 주식투자의 지침서이다. 다양한 사례를 섞어가며 소형성장주 투자에 대해 알기 쉽게 해설하고 있다. 전달하려는 메시지가 강하고 주식투자에 대한 의욕을 고취시켜주는 책이기도 하다.

⑤《윌리엄 오닐의 성장주 투자기술》, 윌리엄 오닐, 리딩리더 :
100년 이상의 주식시장 자료를 분석하여 대박주의 특징과 대박주를 초기에 발굴하는 비법 'CAN-SLIM법'을 해설한 책이다. 차트분석기법도 자세히 나와 있어 꽤 실용적인 내

용이 많다.

⑥《세계경제의 메가트렌드에 주목하라》, 짐 로저스, 이레미디어 :
짐 로저스의 저서 중에서도 그의 생각이 가장 응축되어 정
리된 책이다. 그의 성장과정도 무척 흥미롭고, 투자뿐만 아
니라 역사와 세계경제에 대한 생각을 솔직하게 이야기하고
있으며 내용도 재미있다.

그 외에도 이 책을 집필하면서 다음의 책들을 참고했다.

《대가들의 주식투자법》, 존 트레인, 오픈마인드 :
벤저민 그레이엄, 필립 피셔, 워런 버핏, 좀 템플턴, 티 로우
프라이스, 5명의 유명한 투자가들에 집중하여 그들의 생애
와 투자법을 정리했다.
《시장의 마법사들》, 잭 슈웨거, 이레미디어 :
윌리엄 오닐, 짐 로저스 등 유명한 투자가들의 인터뷰 모음
집이다.
《워렌 버펫의 투자격언》, 자넷 로우, 세종서적 :
버핏이 지금까지 한 말들을 중심으로 그의 생각이 알기 쉽
게 해설되어 있다.
《스노볼 1, 2》, 앨리스 슈뢰더, 랜덤하우스코리아 :

버핏이 공식적으로 인정한 유일한 전기다.

《워렌 버핏의 재무제표 활용법》 메리 버핏·데이비드 클라크, 부크홀릭 :

워런 버핏이 재무제표를 해독하는 비법을 그의 제자가 해설하고 있다.

《워런 버핏의 주주서한》, 로렌스 커닝햄, 서울문화사 :

버핏이 버크셔해서웨이 주주들에게 쓴 글을 모은 책이다.

《워렌 버핏의 포트폴리오 투자 전략》, 메리 버핏·데이비드 클라크, 비즈니스북스 :

버핏이 지금까지 투자한 종목들이 폭넓게 해설되어 있다.

《피터 린치의 이기는 투자》, 피터 린치·존 로스차일드, 흐름출판 :

린치가 펀드 매니저로 근무하던 시절의 투자기록이 해설되어 있다.

《피터 린치의 투자 이야기》, 피터 린치·존 로스차일드, 흐름출판 :

주식의 역사, 주식이란 무엇인가 같은 근본적인 이야기부터 주식투자를 철저하게 분석하고 해설한 입문서다.

《THE SUCCESSFUL INVESTOR》, 윌리엄 오닐, 굿모닝북스 :

오닐의 종목선택과 차트분석법이 수많은 도표와 함께 알기 쉽게 해설되어 있다.

《월가의 전설 세계를 가다》, 짐 로저스, 굿모닝북스 :

로저스의 첫 번째 세계여행을 기록한 책이다.

《짐 로저스의 어드벤처 캐피털리스트》, 짐 로저스, 굿모닝북스 :

로저스의 두 번째 세계여행을 기록한 책이다.

《불 인 차이나》, 짐 로저스, 에버리치홀딩스 :

짐 로저스가 중국주식이 유망하다고 생각하는 역사적 배경
과 현재 상황, 그리고 구체적인 투자종목에 대해 해설하고
있다.

《상품시장에 투자하라》, 짐 로저스, 굿모닝북스 :

짐 로저스의 상품투자 비법과 향후 전망에 대해 이야기한다.

《실업가 케인스実務家ケインズ》, 나스 마사히코, 中公新書 :

관료, 정치가, 실업가, 투자가 등 다양한 실무를 경험한 케
인스의 인간적인 측면을 해설하고 있다.

《존 템플턴의 가치투자전략》, 로렌 템플턴·스콧 필립스, 비즈니스
북스 :

템플턴의 투자 실전사례와 비법을 상세하게 정리하고 있다.

《고레카와 긴조》, 고레카와 긴조, 이레미디어 :

고레카와 자신이 만년에 집필한 유일한 자서전으로, 파란
만장했던 생애가 매우 드라마틱하게 그려져 있다.

《마틴 츠바이크 월가를 가다 Zweig's Winning on Wall Street》, 마틴 츠바이
크, Warner Books Grand Central Publishing :

츠바이크가 직접 시장분석의 비법을 해설하고 있다.

《소로스가 말하는 소로스》, 조지 소로스, 국일증권경제연구소 :

소로스가 직접 투자에 대한 생각을 해설한 책이다.

《소로스Soros》, 로버트 슬레이터, McGraw-Hill Education :

소로스의 투자가로서 인생을 이야기 형식으로 쓰고 있다.

《워렌 버핏과 조지 소로스의 투자습관》, 마크 티어, 국일증권경제 연구소 :

버핏과 소로스라는 대조적인 투자법을 가진 두 사람의 비법과 생각을 해설하면서, 그 차이점과 공통점을 비교·분석하고 있다.

12명의 전설적인 투자자에게 배우는
주식투자 핵심 원칙

주식부자들의 투자수업

초판 1쇄 발행   2017년 7월 5일
개정판 1쇄 발행 2020년 7월 10일

지은이 고이즈미 히데키
옮긴이 김하경

펴낸이 이형도
펴낸곳 (주)이레미디어
전화 031-908-8516(편집부), 031-919-8511(주문 및 관리) | 팩스 0303-0515-8907
주소 경기도 파주시 회동길 219, 사무동 4층
홈페이지 www.iremedia.co.kr | 이메일 ireme@iremedia.co.kr
등록 제396-2004-35호

편집 최연정, 이치영 | 디자인 이유진 | 마케팅 윤정하
재무총괄 이종미 | 경영지원 김지선

ISBN 979-11-88279-81-4 03320

• 가격은 뒤표지에 있습니다.
• 잘못된 책은 구입하신 서점에서 교환해드립니다.
• 이 책은 투자 참고용이며, 투자 손실에 대해서는 법적 책임을 지지 않습니다.

이 도서의 국립중앙도서관 출판예정도서목록(CIP)은 서지정보유통지원시스템 홈페이지(http://seoji.nl.go.
kr)와 국가자료종합목록시스템(http://www.nl.go.kr/kolisnet)에서 이용하실 수 있습니다.
(CIP제어번호 : CIP2020019953)